文庫ぎんが堂

もっとモテたいあなたに
女はこんな男に惚れる

大泉りか

イースト・プレス

はじめに
モテない男はいない！

あなたがなぜモテないのか？

それは、あなたが女のことを知らないせいです。


わたしの仕事は官能小説を書くことです。

その多くが男性向けですが、この一年ほどで女性向けの作品を書く機会がぐっと増えました。しかし、同じ『官能小説』と呼ばれるジャンルに属しているにも関わらず、男性向けの作品と女性向けの作品には様々な差異《さい》があります。


まず第一に、発表媒体の違いがあります。

男性向けの作品は文庫や雑誌など、まだまだ紙媒体に発表することが多い一方で、女性向けの官能作品の九〇パーセント以上は電子書籍としてリリースされます。

これは、誰にも知られずにこっそりと買うことができるようになったことや、買った後、本棚に並べなくて済むこと。また読み終えた本の処分に困らないことなどが、「エッチな小説を読みたいけど、人には知られたくない」という女性たちのニーズにぴったりと合った結果でしょう。むしろ、スマートフォンやタブレットが普及したことで、『女性向け官能小説』という市場が確立したといってもいいかもしれません。

ひとくちに『女性向け官能』といっても、その内容については大きく3つに分かれます。

【1】セックスを通して自らの生き方を模索し、過去の傷を克服する自分探し系。
【2】性愛を突き詰めて、愛とは何か、究極の愛のカタチを問うもの。
【3】女性が夢描く理想の恋愛を華やかに描いたもの。

そしてこの中で、あなたがモテるための参考になるのは、【3】。『ティーンズラブ小説』や『乙女系ノベル』と呼ばれる、セックス描写のあるロマンス物語です。

【3】の小説は、女性が憧れる世界そのもの。そして、こうした物語の中で、最も大

切にされるのは、『紳士』『クール』『俺様』『わんコ』『ヤンチャ』といったヒーローの性格や立ち振る舞いです。

時にクールにときめかせてくれ、時には優しく蕩《とろ》けさせてくれる――そんな男性は現実にはいないとはわかっていても、ときめいてしまうのが女心。ならば、『モテたいあなた』が利用しない手はありません。

そう。女性がドキッとする振る舞い方さえわかっていれば、必ずモテるようになります。

では、具体的に、どのように振る舞えばいいのか。

「おしゃれでもないし、どう振る舞えば女の子が喜ぶかなんてわからない……」

そう思うあなたはぜひ、最後まで読んでみてください。

「あれ、こんな簡単なことでいいの？」

きっとそう思うはず。

そう、モテるって本当は簡単なことなんです。

もっとモテたいあなたに　もくじ

第3章 女が男に惚れる境界線 103

第1章

女は、よくわからない生き物です

あなたの考えるモテとは何ですか？

「モテ」の真実

男女の性愛を描く官能小説、というものを書いているせいか、恋愛相談を受けることがたびたびあります。「彼女／彼氏とセックスが合わない」「セックスはしたいけど、長年付き合った恋人とは、もうそういう気分にならない」といったシモ関係から、「好きな人がいて、セックスはしているけど、付き合ってもらえない。どうしたら付き合ってもらえるか」、はたまた「好きな人ができない」などの交際にまで辿りつけていない悩みまで、恋愛というのは、楽しい反面、常に苦悩と不安とが付きまとうものなのだなぁ、としみじみと思います。

そんな、多岐にわたる相談の中でも、男性からの相談で一番多いのが「モテたいのだけれど、どうしたらいいのか」というものです。

しかし、「モテたい」と口に出して言う男性ほど、モテません。

例え、あなたが求めているモテが『女性と上手に話せるようになりたい』『女友達が欲しい』『ちゃんとお付き合いする彼女が欲しい』『結婚相手を見つけたい』という真面目なものだったとしても、女からしてみれば、『大勢の女のコにチヤホヤされたい』『たくさんの女のコとヤリたい』『複数の彼女候補をキープしたい』という不純なものに思えてしまうからです。

「いや、その通り。できるだけ多くの女のコにチヤホヤされて、いくらでもエッチさせてもらえて、で、その中から気に入ったコがいたら、彼女候補としてキープしておきたい」という状況を夢見る方も、もちろんいらっしゃることでしょう。

「ひとりの男性に愛され、その男性と深くつながり、最高のセックスがしたい」というのが女の願望である一方、多くの男性は、「それとは別にいろんな女のコとデートやセックスをしてみたい」という別腹の欲を持っていることと思います。

——それは、女の浮気原因の多くが、夫への不満である一方で、不倫している男性の常套句《じょうとうく》が「妻には満足しているけれど、それとこれとは別」であることからも分かります（といっても最近は、「旦那には満足している。浮気のセックスは別腹のスイーツと同じ」と自らの欲望を肯定する、快楽主義の女性もちらほらとおりますが……）。

女にとっては『結婚相手とみなされること』と『セックスだけの相手とみなされること』は、海と山ほどにも違います。しかし、どちらが目的であっても、男性に必要なのは『女性に好感を持たれること』なのですから、結婚を前提に口説くのも、セックスだけが目的で口説くのも、共通するテクニックが有効とされます。

女のモテテクより男のモテテクのほうが難しい

以前、女性向けの『モテ講座』を主宰しているという女性に、女が男にモテるようになるには、5つの言葉だけを言っておけばいい、と教わりました。

その5つの言葉とは、

「すごい！」

「さすがですね！」

「そうなんですか！」

「教えてもらってもいいですか？」

「こんなの初めて！」

　この５つを連呼していると、男性は気持ちよくなり、自然とモテるようになるというのです。

「ええっ！　本当に？　簡単すぎない!?」と疑いながらも、実際に飲みの席などで試してみたところ、確かに男性たちはなんだか嬉しそうで、なるほど、男性にはこの５つのキーワードを試しておけばいいのね、と実感いたしました……。

　――ということを、とある男女混合の飲み会の席で言ったところ「確かに、褒められると好きになる」「得意分野を教えてくれ、と言われると嬉しい」と男性たちが賛同した一方で、「そりゃあ、そうやっておだてれば、男性はいい気になってくれるだろうけど、そういう小手先のテクニックでモテたいんじゃなくって、ちゃんと自分を見て、好きになってくれる人にモテないと意味がないよね」と、女性陣の評判はイマイチ。

中でも高円寺のスナックに勤める友人の言葉はズバリ、その本質をついていました。
「それって、キャバ嬢がお客さんにする対応ですよ」

そうなんです。ようするに女が男にモテようと思ったら、自分を封じ込めてニコニコ笑いながら、相手を気持ちよくさせればいい。

しかし、女性はもっとややこしい生き物です。

おだてられても、喜ぶどころか、「バカにされた気分になる」「本質に触れずに上辺だけで判断されてもね……」とヘソを曲げたりもしてしまいます。

さらには、『イジワルな男』『オラオラ系の俺様な男』が人気であったりもしますし、最近の『こじらせ』と呼ばれている女性の中には「イケメンは嫌い、ブサイクな男が好き」とまでいう女性もいます。

男性と比べて、女性は一筋縄ではいかないものなのです。

女が恋愛する本音

女は、年を経るごとに変わる

わたしの周りの『ずっと彼女がいない男性』『長い間、セックスをしていない男性』にひとつ共通していえることがあります。それは『少年性』が非常に強いことです。

音楽やプロレス、ホラーやカンフー映画、特撮にアニメ、アイドルと様々な趣味に没頭しているのはいいと思います。むしろ、無趣味な人間よりもずっと面白い。けれどもそういう精神が少年な男性は、『したことがないこと』『苦手なこと』を、「僕、そういうのできないから無理」とあっさりと諦めてしまうことも、非常に多い。

そもそも、恋愛というものは、相手に好意を持たせなくてはいけないのに、「女の子が満足するおしゃれな店を知らない」とデートの時の店選びを放棄したり、「カッコつけても仕方ない」といつも男友達といく激安チェーン居酒屋に連れていったり。

女からして、「惚れさせるつもりあるの？」と疑問を持ってしまう行動を取りながら、「モテたい」と言われても、なんとアドバイスしていいやら……。

しかし一番始末に負えないのは、そういう男性たちにも、かつては彼女がいた、という実績です。

「彼女がいたこともあったんだから、そのうち、タイミングが合えばまた……」と思うかもしれませんが、女の恋愛観は十代から二十代、二十五歳から三十歳、三十五から四十と年を経るごとに、変化していきます。

だから、十代の頃にモテたからといって、二十代、三十代がモテなければ、四十代になって突然モテ始めることはない。しかし、逆に十代、二十代の頃は冴えない青春を送っていたとしても、三十代からモテだすことは、珍しくありません。それはなぜか。女たちは年を重ねるごとに恋愛に何を求め、何を重視しなくなっていくのかをご説明いたしましょう。

十代の恋愛は見た目とフィーリングがすべて、といってもいいでしょう。

わかりやすいイケメンがモテますし、服装なども「イケている」とされている男性が断然有利です。

単純に「好きな人」というピュアな感情でもって恋人を選びます。いわゆる『学生恋愛』というものです。多くの女が「好き」というだけで突っ走ることのできる純粋な恋愛が楽しめる幸せな時期は、十代だけです。

十代の女を一言でいうと『バカ』です。

二十代は『迷い』の年です。

人間として尊敬できたり、また、「この人となら、一緒に歩いていけるかも……」と思える、気が合う相手に目が行くようになる一方で、まだまだ『恋愛は当たり前にできること』だと思っているので、十代を引きずったまま、あまり深く考えずに、男性と軽く付き合ったり別れたりを繰り返す女も多くいます。

けれども、「まだ結婚なんて先のこと……」と考えて、恋愛を楽しむ余裕があるのも二十代前半まで。後半になるに従い、『結婚』を視野に置いたパートナー選びをするようになります。

より中身や人生に対するスタンスを尊重するようになると同時に、現在の状況（働いているのか、働いていないのか、正規雇用か非正規か等）や将来の有望性、育った環境なども『付き合う／付き合わない』のジャッジメントに取り入れるようになります。脊髄反射《せきずいはんしゃ》で付き合うことができなくなり、年を取れば取るほどに、『ややこしさ』が増していくのが二十代です。

また一方で、結婚に適していない相手（不倫やロクデナシなど）と別れることができずに苦しむのも二十代。仕事のできる年上男性への憧れが、恋愛に変わることもありますが、相手が既婚者だと、不倫という修羅場へと進むこととなります。

そして二十九歳がやってきます。二十九歳は女にとって特別な年です。

それは三十代に入る前の『駆け込み結婚』が信じられないほどに殺到するからです。六月や十月、十一月の挙式シーズンなどは、結婚披露宴や二次会にうんざりするほど招待され、その度に、結婚への羨望と、女友達に置いていかれる寂しさと焦りとで心乱される辛い一年です。

しかし三十代になると、ぱっと憑き物が落ちます。

「焦らなくてもいいや」と、肩の力が抜けると同時に、二十代の時に男性に求めていた条件が緩和します。

「自分はもう、若くない」と思い知ると同時に、抱いていた理想すべてを叶えることは無理だと諦めて、その中で優先すべき事項がはっきりとしてきます。自分の人生を送る上で、男性に何を求めるかを、はっきりと認識するようになるのです。

三十代になると、それなりに自立して自分の生活を確立しているため、逆に恋愛に対するフットワークは重くなります。

三十代の女は『自己完結』してしまいがちです。

さて、これが女の恋愛観の移り変わりです。

もちろん、三十代であっても「あの人が好き」という感情だけで、突っ走って、結婚まで到達する女もいますし、十代のうちから「若いうちに条件のいい男を捕まえる」と婚活にはげむ女子もいるでしょう。

けれども、基本的に女の恋愛観は、年を経るごとに変化するものです。

なので、あなたが年齢を経るに従って『身に着けていくもの』が、その年代の女が求めているものに自然とマッチすれば、三十代、四十代で突如『モテ期』がくることもありえるのです。

「フェチ」の本音と嘘

女が「わたしは、○○フェチなんです」という時の『フェチ』は、男性が、女性や女性の持ち物に抱く『フェチ』とは違います。男のフェチは、性的興奮に直結していますが、女のフェチは、どちらかといえば『萌え』という言葉に近いニュアンスです。

『声』『喉仏』『鍛えられた胸板』『引き締まった尻』など、そのものよりも、「好きな人のその部分に魅力を感じる」といったもので「ムラッとする」というよりも「キュンとくる」のほうがしっくりきます。

これらは、好ましいルックスを持つ者、もしくは好きな人の一部だからこそ、「キュン」とするのであって、どうでもいい相手の場合は目に入らないどころか「気持ち悪い」とさえ思うもの。

付属品として人気が高いのは、『眼鏡』『Yシャツ』『制服』『スーツ』『髭』『帽子』などですが、こちらはラーメンでいうトッピングです。

ベースのスープがよほどまずければどうしようもありませんが、ニンニクを入れると途端にスープの味が変わるように「今まで気が付かなかったけど、ちょっといいかも……」と途端に好意的な視線で見られることもあります。

顔のつくりをイチから変えるのは難しいですが、服や眼鏡などの付属品ならば、簡単に取り入れることができます。なので、ぜひ積極的に取り入れていただきたいと思います。

選ぶ際のポイントとしては、自分で選ぶのではなく、モテる人やセンスのいい女のコに選んでもらうこと。女が「いいな」と思うものは、同性である女が一番よく知っているのですから。

女にもコンプレックスがある

多くの男が母親を好きなように、多くの女もまた、父や兄弟など、血の繋がった異性が好きです。その中でも特に多いファァザコンは二通りのタイプに分かれます。

ひとつめは、父親を理想の男性とする場合で、「父親みたいな人が好き」と公言するのがこのタイプ。温厚で優しく、頼りになる父親像を恋人に求めます。

そしてもう片方は、父親の存在を知らないで育ったゆえ、父親に対する憧れを抱いているタイプです。

どちらにしてもファザコンの女性は、包容力を持った男性に慈しまれ愛されたいと思っている一方で、交際相手に「父親よりも愛してくれない」という不満を抱きがちです。

ブラコンには、年上の兄に対するブラコンと、弟に対するブラコンがあります。

兄というのは、父親と同様に頼りになりつつも、より近い存在です。少しだけ上の立場からいつも気遣って助けてくれる兄は、ヒーローのような憧れの対象でありながら、生まれた時から一緒に育ったおかげで、恋人以上に気を遣わずにいられるという身近さも兼ね備えています。

では弟はどうでしょうか。

多くの姉にとって、弟は『初めて面倒を見る相手』です。女性はホルモンの働きが関係してか、女は世話を焼くことに喜びを感じることがあります。

弟に対するブラコンの多くは「弟が可愛くてたまらない」と言います。自分が庇護《ひご》してきた弟を自分よりも若い＝未熟な女に取られることに嫉妬する姉は、多くいます。

ファザコンやブラコンの女性は恋人を選ぶ時に、必ず父親や兄弟のことを意識します。「この人だったら、父親も認めてくれる」「兄（弟）と仲良くしてくれそう」な人というのを無意識に選択肢に入れます。

もしもあなたが、その女性の父親と同じ職業についていたり、女性の兄弟と同じ趣味を持っていたら、あなたは、特別な親密感を持たれることでしょう。

『条件』の悪いあなたが、女の打算に打ち勝つただひとつの方法

先日、とある打ち合わせの席で、一冊の女性向けポルノ小説を編集者からいただだ

きました。内容は、『豪華客船のメイドが、同じ船に乗っている御曹司の目に留まり、寵愛を得て玉の輿に乗る』というハーレクイン的な、よくあるストーリーなのですが、びっくりしたのはその帯にあった文字。そこにはこう書かれていたのです。

『権力！　財力！　精力！　すべてを兼ね備えた御曹司の熱烈プロポーズ!!』

これほどまでに、女が求めるものを端的にまとめたキャッチコピーがあるでしょうか。そう、身も蓋もない話をすれば、『好条件男のプロポーズ』は女の夢!!

……いや、しかし。実際に権力と財力と精力を兼ね備えた御曹司であろうと、『好き』な相手でなければ、意味がありません。もちろん世の中には玉の輿目当てにハゲでデブの好色老人の求婚を受ける女もいるかもしれませんが、多くの女の心は『条件』だけでは揺るぎません。

恋には『財力・権力・精力』に打ち勝つほどのパワーがあります。

しかし恋というものは、姿かたちもなく、また、いつまで持つのかもわからない不安定なもの。かといって、恋心だけで結婚に突き進むほどには、人生に能天気になれない。なので、女が男と付き合おうと決意する時には、まさに冷静と情熱の間、『恋心』と『相手の条件』とがせめぎ合います。

「打算とかピュアじゃねぇ！」といわれても仕方ない。

だって結婚は人生のパートナーを選ぶことです。相手次第で「突然セレブになれる」「つらい仕事を辞められる」といったら、揺らいでしまうのも仕方のないこと。ですが、安心してください。『条件』と張り合えるのが『恋』。ならば、そう、「恋をさせること」ができれば、あなたの勝ちなのです。

さて、ここまで、女が恋愛するにあたっての本音をご紹介しました。

ようするに、女の恋愛は、『恋』という衝動的感情と、人生を共に送るパートナーとしての資質を考えての『条件』、そこに、自分ではどうすることもない『コンプレックス』が絡まって成立しています。

勿論、そのすべてを兼ね備えて叶えてくれる男性は理想です。が、そんな理想の男性はいないことはわかっています。

なので、「どうせ年を取ったらルックスはどうでもよくなるから、条件が重要だな」「とにかく、お父さんみたいに年上の人が好き。セックスはあんまりしなくてもいい」というふうに、女たちは皆、それぞれが何を優先すべきなのかを判断し、恋愛をしてきた／していくのです。

女のコのタイプ別、こんな男が好き

「なぜあいつに彼女が？」の謎を解く

わたしの知り合いに体重百キロオーバーの男性がいます。百キロといっても、鍛え抜かれたマッチョな百キロではなく、プニップニの贅肉100％の0.1トン。おまけにオシャレなわけではない……というか、どちらかといえば、完全にオタク。仕事も一応は正社員で働いていますが、そんなに稼いでいる、というわけでもない。けれどその彼は、なぜかいつも可愛らしい女のコを連れている。

十も年下の女子大生に、「お兄ちゃん」なんて呼ばれているから「これは金の力？」と思って会計時に注意深く観察していたところ、その女のコに奢《おご》るわけでもなく、フツーに割り勘です。「いったいどういうトリックを使っているのか」と謎でしたが、ある日、彼の発言を聞いて納得しました。

「いやー、昨日飲み会にデブ専の女のコが来ててさぁ、すっごい狙われて困ったよ。

好みじゃないから、断ったんだけど、しつこくてしつこくて」

話は変わりますが、わたしが官能小説を寄稿している『ニチョノベ』というサイトがあります。

『ニチョノベ』とはNichome Novel for Femaleの略で、ゲイの作家が女性に向けての官能を表現することをコンセプトに作られたサイトで、わたしを除いた作家陣はすべて男性で、ゲイの方です。そしてこのサイトに連載中の北原弦氏の小説『妻にはナイショのアルバイト』の中に「なるほど」と思う一説がありました。

この作品の主人公・雄二郎は失業中の四十歳。連日の就職活動に手応えもなく途方に暮れていたとき、見知らぬ男に声を掛けられ「男に体を売る仕事」に誘われ――。

「私のような男に商品価値があるのか」

沢村は私の目を見てニヤリと笑う。

「佐藤さん、男のモテ期はいつだと思いますか」

「えーと、二十代から三十前後かな」

沢村は弁当箱を片付けながら言う。

「五十代、六十代でもモテる男はいますよね」

「あ、ああ」

「しかも、外見的にもいろいろです。痩せてても太っていても、髪が薄くてもヒゲが濃くても、皆さん、それなりの相手を見つけています。違いますか？」

「言われてみればそうだな」

「その理由、わかります？」

「うーん……」

沢村は悪戯っぽく笑う。

「女性のおかげですよ」

「簡単に妥協するってことか」

「違います。自分の感覚に正直なんです。他人の基準に流されないので、男の魅力を見つける能力に優れているんです」

「ほう……」

「それに比べて我々男はどうですか。何歳を過ぎたら女じゃないだの、太めは嫌だが胸は大きい方がいいだの、勝手に基準の型枠を作っていませんか」

「…」

「だから女性たちは型枠に合うように、ダイエットやアンチエイジングに死にもの狂いなんです」


（『妻にはナイショのアルバイト』（北原弦　著）第一話より抜粋）


まさにこれ、その通りだと思うんです。

ゲイの間では『二丁目に捨てるゴミなし』という格言があるそうなのですが、女性も同じ。痩せていても太っていても、髪が薄くてもヒゲが濃くても、オタクでもギャル男でも多少神経質でもガキくさくても、それなりにニーズはある。

前述した男性も『太めが好き』もしくは『太めであることを気にしない（＝男性の魅力を体格とは別の部分で測る）』女のコが多く集まるコミュニティーと近しくしているため、モテているのです。

では、あなたにマッチするニーズは、どこにあるのでしょうか。

いくら『他人の基準に流されない』と言っても、同じ趣味嗜好を持つ者は、ひとつのコミュニティーに集まるものです。

というわけで、現代の女たちをいくつかの社会属性別、個性別にわけ、その中で「モテる」とされる男性の特徴をあげていきたいと思います。

具体的には、社会的属性ごとに、『条件』『ルックス』『セックス』『コンプレックス』のうち、どこを重視する傾向なのかを探った上で、個人的属性でより引っかかるキーワードをあげていきます。「こういう女はこういう男が好き」ということが分かれば、あなたがどこにいけばモテるのか、おのずと浮かび上がってくるはずです。

こういう女はこういう男が好き

【大学生／専門学校生】

『条件』★★　『ルックス』★★★★　『セックス』★★★　『コンプレックス』★★

年齢が若いことから、比較的何も考えずに純粋な恋愛を楽しむことができます。将来を見据えて、というほどの深刻さはなく「告白されて、ちょうど彼氏がいなかったから」「とりあえず付き合ってから考える」などと、ライトな感覚の恋愛観を持っているため、ぱっと見の姿かたちや、ルックスがいい男性が断然有利です。

しかし、ルックスといっても、女は顔立ちそのものよりも、服装や髪形、雰囲気を重視する傾向にあります。コンプレックスがあっても、『デブ隠しにヒップホップ』、『貧弱な身体を誤魔化したければ、ボーダーTシャツに眼鏡で草食男子を気取る』などの服装にすると、突如、モテることもあり得ます。

【OL】

『条件』★★★★　『ルックス』★★　『セックス』★　『コンプレックス』★

正社員、派遣社員ともに、基本的には保守的。なので、圧倒的人気を誇るのは、『仕事のできるサラリーマン』。

合コンなどで、まず最初に見るのは職業。医師、弁護士など高収入のイメージがある職種のほか、もう少し身近なところで広告代理店やＩＴ関係など、また、収入自体は多くなくとも、安定しているということから、公務員も人気。ただし自分より低い収入の男性は、恋愛対象にはなりづらいです。

【専門職／技術職】

『条件』★★　『ルックス』★★★　『セックス』★★★　『コンプレックス』★★★

手に職のある女性は、「自分ひとりで食っていける」という自負があることに加え、仕事が好きで、誇りを持っていることも多い。そんな自分を自己肯定している場合は、相手の男性にも、どんな職種であれ『好きな仕事』をしていることを望みます。

収入はそれほど気にしない反面、ルックスについては自分の好みを貫くことがあります。また、多忙な職種で溜まるストレスを解消する方法のひとつに、セックスに重きを置く女性も多く、身体の相性も重視する傾向にあります。

【フリーター／家事手伝い】

『条件』★★　『ルックス』★★　『セックス』★★　『コンプレックス』★★★★

自宅住まいの女は、家族と仲が良く実家の居心地がいい、もしくは、親が独立を阻んでいる可能性があります。

どちらにしても、生活に親兄弟が深く関わっている以上、恋愛をするにも家族の目を気にしながら、ということになること、家に帰っても誰かしらいることで孤独感が薄れることなどから、一人暮らしの女性と比べると、恋愛と縁遠くなりがちです。『家にお金も入れているし、独立している』と自分では思っていても、親の呪縛はそんなに簡単には解けません。知らず知らずのうちに、親の期待に添えるような相手を選んでしまう傾向にもあります。

【マスコミ】

『条件』★★★　『ルックス』★★　『セックス』★★　『コンプレックス』★★★

労働条件が過酷な上に、大手の社員を除いては、意外と将来のビジョンが見えないマスコミ。しかし一方で、やりがいや刺激があったり、また、仕事内容と自らの興味の方向がマッチしていることもあり、「仕事はつらいけど、他の職種に転職は考えられない」という声も聞きます。

たくさんの人と関わる職業でありながらも、時間が不規則なため、いわゆるサラリーマンとの接点はあまりなく、同業種の男性と付き合っていることが多々ありますが、その理由は、「仕事を理解してくれるから」。他業種の人では『飲むのも仕事』『女だって徹夜はしょっちゅう』の理解がなかなか得られずに苦労してしまうからです。

また相手に、『きちんと会話ができる程度の教養（と言っても一般的には多少マニアック）』を求めるので、あるひとつの趣味に傾倒しているサブカル男子はもちろんのこと、気持ちが悪くない程度のオタクも恋愛対象となる場合が多いです。

【美容系】

『条件』★★★★　『ルックス』★★★★　『セックス』★★　『コンプレックス』★★

華やかな女の園、女カーストの中で働いているが故に、『条件』『ルックス』といった、どうしてもわかりやすい要素が重要視されがちです。

素材から美人であることが多く、また、きちんと手を掛けているので男性からはモテますが、それゆえ、なかなかひとりに絞り切れないまま、気が付いたら三十路……というパターンも。

また、ルックスだけのチャラ男に好かれてまとわりつかれる、という声も聞きますので、反対に、多少冴えなくても安心感のあるルックスで「本当に優しい人」「きちんと自分の中身を理解してくれる人」は、十分に恋愛の対象となります。

【水商売／風俗】

『条件』★★★　『ルックス』★★　『セックス』★★　『コンプレックス』★★★★

水商売や風俗で働いている女の中でも、「なんとなく生活のために働いている」のではなく、「意識的に、自分の若さが金になることを知っている」野心的なタイプの女性は、結婚を『就職』と考える向きがあります。

もちろん、必ずしも専業主婦を狙っていたりするわけではなく、『いつか自分の店を持つ』などの、将来の夢がある場合も。が、商売柄、お金にルーズな男によって金づるにされている同僚などを目にすることも多いために、ある程度、「きちんとした男」をパートナーにすることを希望する場合も多いです。

ただなんとなく、流されるまま、フリーター感覚で水商売や風俗業についている女は、それほど高望みはしません。学生恋愛を引きずっているタイプも多々いますが、このタイプはとにかくルックスで男を選んでしまうために、ダメな男に引っかかってしまいがちです。

女の性格・タイプで見る、好きな男

次に、個人的属性に触れていきましょう。

【ミーハー】

流行に敏感。女子会好き。愛読書はキャンキャンやＪＪ。女性として大切にされているかどうかをデートで判断する傾向にあり。
[条件] 名前の知れた大学に通っていたり、有名企業に勤務しているといった『友達に紹介して恥ずかしくない』がキーワード。
[ルックス] ポロシャツorシャツにチノパンなどの綺麗めで、少しだけ流行を押さえた爽やかな服装。
[セックス] セックスの行為そのものよりも、シチュエーションが大切。
[コンプレックス] ひとつひとつの知識が浅いこと。音楽や映画などの来歴をさらっと語られると、「頭のいい人」と尊敬してしまう。

【ギャル／DQN】

居酒屋やファストフードを好む実利主義だが、J－POPのラブソング好きなロマンチックな一面も……。

【条件】属しているコミュニティー（地元、サークルなど）で権力があること。強いこと。職種、収入にはこだわらない。

【ルックス】色黒、細マッチョ、ピアスなど、いかつく見える格好。

【セックス】求められる回数＝愛の深さだと思っている。尽くすのが好き。

【コンプレックス】父性的な愛を求めていることが多く、自分よりも強い存在に守られたいと思っている。

【素敵女子】

仕事、恋、趣味などすべてにおいてバランスよく見える女性。

【条件】『皆が憧れる上司』『合コンで一番人気の男性』など、付き合うことで、自分のランクがアップすることが必要不可欠。

【ルックス】雰囲気イケメン。細身のスーツに流行を外していない髪型をしているが、軽薄さはない。いわゆるモテ男が好きだが、反面、ダメな男にもひっかかりがち。

【セックス】下着に凝る。我を忘れて感じるのは苦手。事前にシャワーを浴びたい派。

【コンプレックス】メイクを落とした自分は平凡ではないか、という強迫観念を持っている。素を褒めるよりも、センスなど後天的な魅力を褒めたほうが納得する。

【文学少女】

おとなしくても、根がしっかりとこだわりがある。村上春樹はマスト。たまにアンチもいるがスルーはできない。

【条件】インテリジェンスと奥深さを感じさせる男性。大学教授、出版など、できれば文系の職業。

【ルックス】十年前でも十年後でも、通用しそうなトラッド。ダサめでも問題なし。

【セックス】小説にあるような『情愛』を信じているので、激しく求められるのが好き。特に前戯を重視する。

【コンプレックス】物語の中の男性像が理想にある。本を読むことで内面が磨かれていると思っているので、外見で判断されることに理不尽さを感じている。

【サブカル／こじらせ系】

家の中の本棚がヴィレッジヴァンガードの書棚とかぶっている。

［条件］サブカル的な何かを発信してる男性。カルチャー系の職業に弱い。

［ルックス］細くて眼鏡。カッコイイよりも可愛らしい顔立ち。ナイーブな雰囲気。

［セックス］「セックス？　好きだよ？」とカジュアルを気取るが、実は警戒心が強い。メンヘル要素のある場合は、やたらとセックスに固執することも。

［コンプレックス］実は自分は没個性ではないかという疑りがある。趣味やセンスを否定されるとダークサイドに落ちる。

【コンサバ】

堅実で、昼食はお弁当持参。下ネタが苦手。計算ずくの『普通』。

［条件］有名企業でなくてもいいから、普通の稼ぎがあり、きちんと貯金している堅実な男性。将来のプランニングを持っている男性。

［ルックス］　奇をてらっていない『普通』の服装と髪型。
［セックス］　男性がリードするものだと思っているので、一から十まで奉仕されたい。最初は恥じらうが、それはあくまでも建前である。レジ前で財布を出すのと同じ。
［コンプレックス］　二十代で結婚、少なくとも三十五までには出産、マイホームも欲しい、と人生の計画に囚われがち。

【キャリア志向】

仕事が第一優先。休日や自宅でも仕事をする。
［条件］　自分の仕事をバカにせず、労わってくれる男性。仕事を理由に誘いを断っても、拗《す》ねたり怒ったりしない人。
［ルックス］　自分の好みであればOK。ただし、だらしがない男は軽蔑する。
［セックス］　きちんとセックスはしつつも、しつこくない男性。絶倫自慢には、価値を感じない。
［コンプレックス］　認められたい欲が強いので、草食やツンデレな男性は苦手。

【ビッチ／ヤリマン】

面倒くさいことが嫌い。風来坊的素質があり、フットワークが軽い。性的に奔放で、すぐに身体の関係を持つ。自己評価が低いネガティブヤリマンも存在する。

【条件】きちんと「君は女性的魅力がある」と口説いてくれれば面倒くさいことは言わない。が、「ヤラせろ」とダイレクトに言われるとヘソを曲げる。

【ルックス】『ヤレないタイプ』でなければＯＫ。

【セックス】セックス自体が好きな場合と、アバンチュール的なトキメキを求めて寝る場合がある。経験値が高いので、なんでも受け入れるが、自分から「これがしたい」と特別なプレイを求めることは少ない。

【コンプレックス】自己評価が低いまま、セックスで評価されることを覚えてしまった人が多い。ばっさりと開き直りができていないと、晩年にメンヘル化する。

【アキバ／オタク系】

アニメやコスプレが好き。同人誌即売会などに足を運ぶ。

【条件】シャイであまり押しの強くないタイプ。趣味を理解してくれれば、職種などは構わないが、肉体系は怖いイメージがあって近寄りがたいのであまり惹かれることはない。理屈っぽい男性のことも厭《いと》わないので、理系の男性との相性がいい。

【ルックス】服装よりも顔立ち重視。ダサくとも、よく見ると顔が整っている男性に弱い。

【セックス】妄想先行派。ただし、妄想の中のヒロインと自分との差が埋められずに、奔放になりたいのになれないジレンマも。

【コンプレックス】自分がオタクであることに誇りとコンプレックスの相反する感情を持っている。

「普通の可愛い女の子に好かれたいだけのに！」と思ったあなた

さて、ざっと代表的なタイプの女が好む男の要素を羅列しましたが、いかがでしょうか。この中のどこかに、当てはまる項目があれば、あなたは十分にモテる可能性があります。

「そうじゃない、DQNやオタク女なんて恋愛対象外で、もっと可愛い子にモテたいんだ！」と、憤慨するのは少し待ってください。

そういう態度こそ、女に嫌われる要素のひとつです。

そう、あなたが、ひとつでも要素を満たしているにも関わらず、モテないとしたら、それは、女に嫌われる振る舞いをしているせいです。

女が『好きなタイプ』は多岐に渡っていますが、『嫌い』になる振る舞いは、たいがいの女が一致しています。

そこで、次の章では、女が嫌がる男の振る舞い、というのを学んでいきましょう。

第2章

女の「好き」はいろいろ、「嫌い」はひとつ

女が付き合いたい男　無理な男

振る舞いを制する者、女を制する

わたしの女友達に「どんな男性であろうと、誘われれば、必ず一度はデートをする」というコがいます。

まったくルックスが好みでなくとも、また、性格が合わなさそうだと思っても『一回だけ』は必ず、ふたりで会ってデートするというのです。

しかも、動物園でパンダを観たり、オープンしたばかりのフーターズに行ってみたりと〝ちゃんとしたデート〟をするそう。

「ふたりで一日でかけると、すごくよく性格や普段の行動がわかるから」という話を聞いて、なるほど、『デート＝飲みに行く』ばかりだったわたしは目から鱗が落ちる思いでした。

たしかに、飲みデートは口説き口説かれ……。と手っ取り早く進展しやすいかわりに、「話が合うか合わないか」だけで判断せざるを得ません。

しかしデートならば、「ヒールを履いているわたしに気を使って、ゆっくり歩いてくれた」「バスを乗る時に、小銭を用意しておいて、さっと支払ってくれた」「歩き疲れて喉も渇いたので、カフェでお茶をしないかと誘ったら、自動販売機で済まされた」「映画に誘われたら、パート3だった。1も2も観てないのに……」など、もっと多岐的に判断ができます。

いいところを見せるチャンスがある反面、嫌なところもチェックされてしまうというデメリットももちろんありますが、ルックスや話術に自信がない男性こそ、『振る舞い』で自分をアピールできる『デート』に誘ったらいいと思うのです。

この第2章では、具体的に多くの女性が嫌がる『振る舞い』について触れていきます。いくらイケメンで高収入・高学歴であっても、『振る舞い』がなっていなければ、恋人候補から即座に転落することにもなりかねません。女は何を嫌がって、何にときめくかを、学んでくださいね。

「ありえない！」と思われないために

「女に好かれるように振る舞いを正せ」と言われても、なんとなく納得がいかないその気持ちもわかります。

わたしも男性に「男に好かれるように振る舞いを正せ」などと言われたとしたら、「なんでそんなことをしないといけないの」「あなたに好かれたいわけではなく、好きなあの人に好かれたいだけなのに、あなたにそんなことを言われる筋合いはない」とむっと腹を立ててしまうことでしょう。

特にそれがジェンダーに関わることならさらにです。

『美味しい食事を作ってくれるコに惚れる』『女らしいミニスカートを履いたほうがいい』『なんで絆創膏も持ってないの？』などと言われた日には、「じゃあ、あなたはちゃんと、男性としての役目をまっとうしているのですか？」とつい問いかけてしまいたくなってしまう。そう、一行目のあなたと同じです。

しかし、逆に、あなたが男性として……いえ、むしろ、人としてきちんと、気を使ってくれているのならば、我が身を振り返り反省するかもしれません。

ようするに、あなたが、美味しい食事を作ってくれたり、それなりにデートを意識した格好で来てくれたり、怪我をした時にさっと絆創膏を取り出してくれたら、「あぁ、人として、きちんとしなくてはいけない、わたしってば、恥ずかしい」と身を縮こませることでしょう。

これから先、具体例をあげながら説明する6つの性質・振る舞いについては、男性に限ったものではなく、女性がしても嫌われる『性格が悪い』と言われる言動であり、決して「モテたきゃ、女に媚びて尽くせ」ということではありません。なので、もしも心あたりがあれば、ぜひ、治すように心がけてください。

治すことができれば、あなたの『モテ力』は必ずアップします。

自己中心的な男

実は、『俺様系』『オラオラ男子』というのは、女性向け官能小説のヒーローの中では、最も人気のある属性のひとつです。

が、これは「恥ずかしさゆえに引っ込み思案」になってしまうヒロインをリードして快感の渦へと導いてくれる、女にとって都合のいい俺様。密かに願っている女の望みを叶えてくれるからこその、人気なのです。

「そんな自己中心的な話があるか」と憤慨するかもしれません。確かにその通りです。けれど、そうなのだから仕方ありません。そしてもうひとつ女の勝手を付け加えると、ジコチューな男性が嫌いです。では具体的に嫌われるジコチューの例をあげていきましょう。

「うーん、ラーメンは、いいや」

お昼ご飯に何を食べるか、という話をしていた時のこと。「何が食べたい？」と聞かれたので、「ラーメン」と答えたところ、返ってきた言葉です。

「じゃあ、どうする？」「うーん……どうしようか」「だったら、オムライスは？」「えーっ、それもちょっとなぁ……」

こんな小さなことで、むっとしたわたしは心が小さいかもしれませんが、一見、こちらを尊重しているようでいて、プレゼンするだけさせて最後の決定権は『俺様』にあるという点、そして、「いいや」という言葉に含まれる『俺の気持ち、わかんないのかよ』『雰囲気を読めよ』という圧力。エスパーでもないのだから無理なのに！

「あんまり気分が乗らないな」「もっとさっぱりしたものが食べたいな」とはっきりと断った上で、「代わりに○○はどうかな」と言い方を変えるだけで、ずいぶんと印象が違います。まぁ、そもそも、自分が食べたいものがあるなら、最初から言えって話ですが。

「俺に言わせりゃ○○だね」

たしかに女の話は、脈絡がなく、つらつらとしたオチがないことが多いです。しかし、職場の愚痴だったり、女友達の悪口は『同意してもらいたい』から話しているのです。それを否定されて、あげく「俺に言わせりゃ○○だね」と上から目線で斬られては、面白いわけがありません。

『俺』がどんだけ偉いのか、どこからの目線で言っているのか、と女の気を損ねること間違いなしの危険ワードです。

テレビを無断でザッピングする

CM中ならまだしも、見ているテレビのチャンネルを平気で替える人がいます。「つまんない」→「きっと、一緒に見ている人もつまらないはず」→「替えよう」と思っての行動なのかもしれませんが、自分がつまらないと思っているものは、人もつまらないと思うことが自分勝手ですよね。「チャンネル替えてもいい?」の一言くらい、そう面倒でもないと思うんですが……。

別の男を褒めるとむっとする

プライドが高い男性にありがちなのが、自分以外の男性を褒める発言をすると、むっとすること。比べられている気分になるのでしょうか。

むっとしてしまうのは性格だから仕方ありませんが、女から見ると「ケツの穴の小さい男」に見えてしまいます。そんなことを思われては、余計にプライドが傷つきませんか？　ここは顔や態度に出さないように、さらっと受け流す度量が欲しいもの。

ちなみに「俺のほうが……」というマウンティングも、小者さを露呈させてしまうだけですのでお気をつけて！

「知らねぇ」「知らんがな！」

「どう思う？」と話題を振られた時に、いくら興味がないからといって、ばっさりと頭ごなしに否定してはいけません。せっかく会話を楽しもうと思っていた気持ちがしゅるしゅるしゅるしゅる、と萎んでしまいます。コメントしようのない時は、「君はどう思うの？」とバトンを返せばいいだけのことです。

「普通は○○だよね」「常識で言ったら××だろ」

恋愛は一対一で行うものであり、世間の常識に照らし合わせる必要はありません。自分と相手とでルールを決めていくのが恋愛です。しかし、自分の意見を通したいがために『世間の常識』や『正論』をふりかざすという方法を取る人が多くいます。

言う方にしてみると、「教えてやった」「正しい方向に導いてやった」といい気持ちになるかもしれません。しかし、言われるほうにしてみると頭を押さえつけられた気分で面白いわけはありません。

「サラダ、何がいい？」

以前、男性とふたりで居酒屋に入った時のことでした。何品かオーダーした中に、コロッケがありました。一皿にふたつ載っていたのですが、なんとその男性、「コロッケ好きなんだよね」と皿を抱え込んで、完食してしまったんです。

確かに「ひとつ頂戴」と言わなかったわたしが悪いし、食べたければ、もう一皿頼めばいいという話でもあります。が、いくら自分の好物で食べたいからって、全部ひとりで食べちゃうってどうなのでしょうか。「食べる？」の一言くらいあってしかるべきだと思うのですが……。

居酒屋など、『シェア』を前提とした店に入った場合、まずメニューは女性に渡しましょう。そして、彼女に何品か選んでもらった後に、バランスを見て自分の食べたいものをオーダーするのがスムーズです。もちろん、ふたりで相談しながら決めるのもいいですが、勝手に自分だけで先にオーダーを決め、店員を呼ぶのは最悪です。

あと、たまにあるのが「サラダ、なにサラダがいい？」。サラダ以外は選ばせてくれないというのでしょうか。まぁ、たぶん、『自分はサラダなんて食べないけど、女性は食べたいだろうから、好きなのを選びなよ』ということだと思うのですが、頼みたかったら自分で頼むと思うので、やっぱりメニューを手渡してくれるのが一番いいと思います。

駅のホームを延々と歩く男

同じ沿線に住んでいる男性と一緒に、電車に乗って帰ることになった時のこと。改札を入り、階段をあがってホームに出たところ、なぜか歩き始めて、結局、ホームの一番端まで行くことに。

「なぜ？」という疑問は彼の住む駅についた瞬間にわかりました。そう、改札がホームの端にあったんです。電車を待っている間に、最寄り駅の改札側まで歩く、というのが癖になっているのかもしれませんが、自分勝手だな、というイメージは拭えません。

自意識の高い男

『自意識過剰』にはふたつのタイプがあります。

ひとつは、自己評価が過剰に高いタイプ。もうひとつは他人が自分をどう見ているかが気になって仕方のない、自分に自信がないタイプです。

『鬱陶しさ』はどっちもどっちですが、女に嫌われがちなのは、前者のタイプ。なぜなら、自分が『鬱陶しい』ことに気が付いていないから。

『俺の凄さ』や『俺の出来るっぷり』や『俺の面白さ』を知らしめたい気持ちはわからないでもありません。けれども、『俺アピールする男』って女から見て、なんだか浅ましくて底の浅い男に見えてしまうんです。

自分では気が付かないうちにダダ漏れになっている『自意識』。

では、どういう時に『痛い自意識』を感じるのかを、具体的に紹介いたします。

和柄、編み上げシャツ……「これがオシャレ」という痛い自意識

以前、女友達と、彼氏にして欲しい格好の話になった時に、「着て欲しくない」という意見を最も集めたのが和柄デニムでした。ポケットや折り返しに和布が張ってあるアレですが、でも、よく売ってるんですよね。日本人男性の魂を揺さぶる何かがあるのかもしれません。取り入れるなら控えめにしたほうがいいでしょう。

また、とんがり靴も悪名高い一品。ホストやキャッチ系の男性が好んで履くせいか、ただでさえ安っぽいイメージ。なのに、ダメージ加工や、スタッズなどがつけばつくほど、ダサさがアップしていく魔法の靴です。

装飾性がアップすることでダサくなるのはTシャツも同じです。チャックや紐やラインストーンは、付けるだけ逆効果の無駄な飾り。特に胸元を編み上げるタイプの

シャツは評判最悪です。

これらの共通点は『ギミックの利いたアイテム』。

普通のシャツに普通のデニム、そして普通の靴ならば「痛い服の人」とは言われない。シンプルイズベストなのですが、自意識が満ち満ちているからこそ、こうした「人とはちょっと違った服」を選んでしまう。『モテる服装』がしたいのならば、思い切って、自意識を捨ててしまいましょう。

『喧嘩』が強いことは、かっこよくなんかありません

女が興味のない話のひとつに『喧嘩自慢』があります。

「道端で酔っ払いに絡まれたからぶっとばした」「上司と喧嘩して仕事を辞めた」などなど、武勇伝を語りたがる男性は多いですが、元ラグビー部だとか、格闘技をやっているだとか、いくら『自分は強い』ということをアピールされても「どうでもよくて反応に困っちゃう」というのが正直なところです。だいたい、大人にもなって腕力で自分の強さをアピールするだなんて、みっともないですよね。

「でも、俺のいいところは力の強さなんだけど……」というあなたは、彼女の荷物を

持ってあげたり、固い瓶の蓋を開けるほうが、よっぽど女心を痺れさせるものです。

ガラスに映った俺に見惚れるナルシスト

先日、電車に乗っていた時のこと。立ったまま外を眺めていると、背後に立ってい
る男性が窓ガラスに反射して映っているのがわかりました。その男性、延々と顔の角
度や表情を変えて、うっとりと自分に見惚れていたのです。
「うわぁ、気持ち悪い人だなぁ……」と思ってしまいました。

また、写真を撮る時にいつも同じ顔とかもちょっとキツい。
「女だってキメ顔してるじゃん！」というのはその通りなのですが、男性に比べ、キ
メ顔をする女は圧倒的に多く、したがって慣れてしまっている部分もあります。だい
たい、いくらキメ顔をつくっても、普段の自然な顔で程度は知れているのですから、
やるだけ無意味です。

ＳＮＳは自意識ダダ漏れのメディアです

ＳＮＳを始めるに当たり、まず最初にぶち当たるのがプロフィール画像問題。前項で述べたように、キメ顔写真はナルシスト臭しか感じられないと評判が悪いです。しかもそれが自画撮りだったりすると、さらに痛さはアップ。画像は旅先でのスナップや飲み会での写真の中から、自分の顔を切り出したものをオススメします。

また、ＳＮＳで最も注意しなくてはいけないのは、グラビアアイドルやＡＶ嬢とつながること。女友達に見られた日には「むっつりスケベ」認定間違いなし。ツイッターなら別アカウントを取得、ＦＢならフィード購読で我慢しておくのが無難です。

飲み会で開かれる『ザ・俺劇場』

聞こえないほど声が小さい男性もどうかと思いますが、「聞いてくれ！」とばかりに声のでかい男性はうっとおしいですね。

飲み会は、基本的に相互コミュニケーションを取る場だと思うのですが、何を勘違いしたか、『ザ・俺劇場』を繰り広げる人がいます。テッパンの面白話を披露してくれるサービス精神は認めますが、オチまで黙って聞け、と強制するのはよくありませんせん。皆、あなたの話を聞きに、お金と時間を費やして飲み会に参加したのではないのですから、きちんと会話のキャッチボールを行ってください。

「俺のキャラならありじゃない？」

『女性にセクハラをする男』というと、どんな男の姿が頭に浮かびますか？脂ぎった好色中年オヤジをイメージする人が多いかと思いますが、違うんです。経験的に言うと、セクハラをしてくるのは、実は『昔、モテていた人』や『今、モテている人』が圧倒的に多い。

おそらく本人はセクハラだと思わず、いちゃいちゃと戯れている感覚で身体に触れたり、エッチなことを言ってきているのだと思うのですが、女からすると立派に『セクハラ』だという温度差があります。

そういう話をすると、「ええっ、でも下ネタとか、俺のキャラならありじゃない？」という男性がいますが、それも大間違い。

下ネタを言った瞬間に女性が黙り込んだら、それは嫌がられているサインなので、自重したほうがいいでしょう。

『自分ホメ』からはコンプレックスしか感じられない

『自分に自信を持っている男はモテる』、それは確かに真理です。

けれども、自信というものは、黙っていても滲み出てくるからいいのであって、ひけらかしては台無しです。むしろ、自分でアピールを始めた瞬間に、『そう見られたい』というコンプレックスのほうが際立ってしまい、そういう部分に敏感な女には『虚勢《きょせい》を張っている人』と簡単に見抜かれることとなってしまいます。

自分ホメは、止めておきましょう。

自称・こじらせ系

最近『こじらせている』という言葉をよく聞きます。

『こじらせ』とは、「自分なんて……というコンプレックスのせいで、上手く社会とコミットできないでいることを理解しながらも、それをどうすることもできない状態」のことでしょうか。いわゆる『非モテ』と言われる人たちの間には、その『こじらせ』を自己肯定している人たちが多く存在します。

以前、そういった『非モテ』『童貞』の方の悩み相談に乗るというイベントに出演したことがあるのですが、その悩みはまさに『こじらせた』ものばかりでした。例えば「真正包茎で短小なのですが、どうしたらいいですか？」という相談。「悩んでいるのなら、病院へ行って手術をしましょう」としか答えようがないのですが、なんだかその回答に不服そうな様子。どうやら彼が欲している答えはそうではなく「真正包茎でもいいよ」と認めてもらいたいようでした。

これが『仮性包茎』ということだったら、「綺麗に剥いて洗えばいい」とそのおちんちんを肯定してあげられます。が、真正となると、正直、ちょっと難しい。強すぎるコンプレックスは、多大な欲求を他人に強いることになります。

『こじらせ』という便利な言葉のおかげで、『コンプレックスを持っている自分』を自己承認できるようになったのは、悪いことではないかもしれません。けれど、『自分なんて……』と卑屈さを剥きだしにするよりは、『コンプレックスなどないことにして振る舞う』ほうがずっと大人であり、モテる可能性がある行為だと思います。

自意識を抑えるには

「この服、おかしくない？」「俺の髪型、大丈夫かな？」

自分のルックスに自信がないと、自分が『変』ではないかと気になってしまう気持ちはわかります。けれど、何度も何度も聞かれるほうは、正直面倒くさいものです。

そもそも「おかしい」と言われてしまったら、余計にへこみませんか？

朝出る時に「これでよし」と思ったのだったら、それで大丈夫。それでも気になって仕方がない時はこの呪文で乗り切りましょう。

『人は自分が思うほど、自分のことを気にしていない』

怖い男

理屈ではなく、本能的に女性が苦手とするのが『怖い男』です。
大きな声で恫喝されたり、怒鳴られたり、手を出したりという直接的な暴力ではなくとも、理屈でもって屈服させられたり、気に食わないことをうっかりしてしまった時に、冷たく無視する男性なども、『怖い』うちに入ります。

ドアを大きな音で開け閉めする

喧嘩の後や、仕事が上手くいかずに、イラついている時などに、ついドアを乱暴に開け閉めしてしまうことってありますよね。その気持ちは、わからなくはないのですが、モラルハラスメント、略してモラハラに敏感な昨今、その癖は治したほうがいいと思います。

『モラハラ男』は女が「最も付き合ってはいけない」とされている男のタイプのひ

とつ。なので、もしも彼女が、「気になっている人がいて、付き合いたいと思っているけど、怒るとドアを強く閉めるところが嫌だ」と女友達に相談でもしようものなら、「それはモラハラ男だから、絶対に止めておけ！」と言われること間違いありません。

ちなみに『モラハラ』と呼ばれる行為はそのほかに『大きなため息をつく』『わざと咳払いをする』『口をきかない』『無視をする』など。

「怒ってるんだから、当たり前じゃん！」と思うあなたはモラハラの気があります。冗談じゃなく、カウンセリングに行ったほうがいい。人格障害の可能性がありますから。

店員への態度が悪い

女は優しい男性が好きです。

が、口説かれている最中や付き合いたてでは、大概の男性が優しく振る舞ってくれるものですから、その人が優しい人柄かどうかを見抜く参考にはなりません。では、どこで見るかというと、自分以外の人への対応です。

特に食事に入った店などで、店員に取る態度は参考になります。

何もなくとも横柄であったり、また、おしぼりや水が出てくるのが遅いなどでキレたりすると「この人は優しくない人だ」と判断されて、それ以上の進展は望めませんのでご注意を。

返事がないと、電話やメールを山のようにしてしまう

いくら恋人同士であっても、会っていない時は、それぞれの時間だと思うのですが、彼女がひとりの時も、支配していないと我慢ならない男性、いわゆるソクバッキーはモテません。怖いし、面倒くさいし、付き合ってもひとつもいいことがないことが、あらかじめわかっているからです。

その時、もしも彼女が女友達と会っていたなら、あなたが必死に連絡をすればするほど、あなたの評価は下がっていくばかりです。

「うわぁ、また電話が来たよ……怖い怖い怖い！」

回数が多ければ多いほど、『怖い男認定』されてしまいますので、そこはどっしりと構えて、彼女からの返信 or コールバックを待ちましょう。

怒ると方言が出る

言葉遣い、というのは今まで積み重ねてきたものなので、すぐに変えるのは難しいかもしれません。現にわたしの話し方も決して綺麗なほうではなく、どちらかといえば蓮っ葉なので、よく「言葉遣いが悪い」とか「もっと丁寧にしゃべりなさい」と言われます。

そんなわたしが自分を棚に置いて、「この人の話し方、怖いな」と思うのは、怒る時だけ方言になる男性です。

東京育ちで、方言に対して免疫がないせいもあるとは思うのですが、それでも、関西弁や博多弁でまくしたてられると、委縮《いしゅく》してしまうと同時に「普段は標準語使ってるのに、なんでわざわざ方言で怒るの!?」と腹も立ちます。

もちろん、お国の言葉を大切にすることはいいことだと思います。そして、かっとなると、つい、慣れ親しんだ言葉が出てしまうのもわかります。

けれど、やっぱり関西弁とか博多弁でまくしたてられると怖い。なので、怒ると方言が出ちゃう男性は、もう普段からいっそ方言で話すようにしたほうがいいんではないでしょうか。

車の運転でわかる人間性

今まで男性と一緒にいて一番多く『怖い』と感じたのは、車の中だと思います。

運転している本人は、乱暴にハンドルを切っているつもりはないのかもしれませんが、運転が荒っぽいことをはじめ、スピードの出しすぎや、ギリギリまでブレーキを踏まないこと、車間距離が狭い、やたらとクラクションを鳴らす、抜かされると舌打ちするなど、助手席に乗っているこちらはハラハラしたり嫌な気分になったり。

そういえば以前、車の運転が趣味で、ヨーロッパのスポーツカーを持っている男性がいました。一緒にドライブに行った際、事故って路肩に止まっているフェラーリを見て、その男性は高笑い。

「人の車が壊れるのを見るほど、愉快なことはないね！」
いや全然、愉快じゃないですけど……。やっぱり車の中って人間性が出ますね。

プロレスごっこはイジメです！

『プロレスごっこ』、そりゃ、楽しいのはわかるんです。
女性だって、痛くない範囲でいちゃいちゃと絡み合うのは嫌いじゃないコもいると思います。というか、わたしも嫌いじゃありません。

けれど、痛がっているというのに、ふざけて笑いながら延々と技を掛け続ける男ってなんなんでしょうね。「本気で痛がっているのが面白い」のだと思いますが、掛けられているほうはたまったものではありません。

「俺って強いだろ」と気分がいいかもしれませんが、「止めて」と言ったらすぐに技を解くこと。タップとかそういうルールも、女は知りません。

嫉妬深い男

以前、ある男性に「○○さんって作家が好きなんだ」と言われたことがありました。その作家さんとは、一度だけお会いしたことがあったので、「仕事で会ったことあるよ。××の話をしてくれて、楽しかった」と告げたところ、しばらく黙った後に、こんなことを言われたんです。

「仕事で誰々と会ったことあるとかいうやつって、ムカつくよなー」

えっ、それってわたしのことですよね!? もしかして、自慢に聞こえたのかもしれませんが、だったら黙っていればよかったのでしょうか……。でも事実だし……となんだか釈然としない気持ちになったものです。

また別の男性の話ですが、わたしが仕事の話をすると、途端に不機嫌になる人がいました。ある時、嫌みったらしい口調で「楽しそうな仕事でいいですね。それにくらべて俺なんて……」と言われ、ようやく気が付いたのです。『あぁ、この人は、わたしに嫉妬をしているんだ』と。

女の嫉妬も怖いですが、男性も嫉妬をするとびっくりするくらい意地悪になります。しかし、意地悪な男に感じることと言えば「女々《めめ》しい人」「腹黒い人」「小さい人」とひとつもいいイメージはありません。

嫉妬する男は醜《みにく》い。嫌みや皮肉は飲み込んで、言わないようにしたいものですね。

悪口は控えて

女は、人の悪口を言うのが大好きな生き物です。

女性同士わいわいと、「悪いコじゃないんだけどねぇ……」と前置きを置いて日頃感じている不満や愚痴を言い合っては、ストレス解消したり、交流を深めているのです。

一方で、すごく勝手だとわかってはいるのですが、男性が女の悪口を的確に言うと、「えっ」と驚き、『女のこと、こんなふうに観察してるんだ』と怖く思ってしまいます。

悪口を言う男の陰気《いんき》さはモテから遠いところにありますので、女の悪口は積極的に言わないほうがいいですよ。

不潔な男

モテるとかモテないとかに関係なく、風呂に入らずに不潔な人って人間としてヤバいと思うのですが、そういうわたしも仕事が立て込むと、3日くらいは風呂に入らなかったりして……。

そういうのは問題外として、きちんと毎日風呂には入っているし、食後は歯磨きだってしている。服だって、一度脱いだ服はきちんと洗濯機に入れて、いつだってちゃんと洗濯してある服を着ている！……というのに、なぜだか不潔に見えてしまう例をあげていこうと思います。

制汗剤で臭いをカット＋自然にいい匂いを香らせる

知り合いで、ものすっごくモテる男性がいました。

当のわたしも「いいな」と思って何度もアプローチを掛けたものですが、その男性の最大の特徴は『いい匂いがすること』。わたしの友達などは「いい匂いのおじさん」

というあだ名で呼んでいたくらい、いつもいい匂いがしていました。

それくらい、『いい匂い』は武器になるもの。逆に『臭い人』というのは、正直、近くにいるのもつらいです。

わたしの知り合いにも「風呂が嫌いで、臭くてごめんね」となぜかアピールしてくる人がいるのですが、まったくもって謎。好き嫌いに関係なく、風呂はマナーとして入るものです。


では、どうすればいい匂いになれるのか。まず、最低限必要なのは、制汗剤で臭いを抑えること。まずは体臭をカットにした後に上に乗せる匂いを選びましょう。


香水をつけるのは手っ取り早いですし、わたしは好きですが、中には「苦手」という女性もいますので、諸刃《もろは》の剣《つるぎ》です。

「いきなり香水をつけるのは、恥ずかしい」というあなたは、いい匂いの整髪剤に替えてみるといいでしょう。髪が「オヤジ臭い」という男性は、結構います。

また、洋服を洗濯する時にいい香りのする柔軟剤を入れると、ほんのりと衣類が香っていいですよ。

末端に不潔の神が宿る

ぱっと見で不潔だなと思う人の特徴は、袖、襟、裾が薄汚れていることが多いです。特に丈の合ってないデニムの裾を引きずっていたりすると、「トイレの床でも引きずってそうで不潔」に感じられます。

また、靴下に穴が開いていると、どれだけオシャレな服装をしていても一気に貧乏臭く見えてしまいますので、ご注意を。

爪も要注意です。まさかいないと思いますが、爪の間に黒いゴミが溜まっている……ってないですよね。『手フェチ』を自称する女は多く、いくら「ささくれ立った男らしい手が好き」であっても、爪の間がまっ黒では、「その手で触られたくない！」と思われてしまいます。

笑うたび、見せられたくないものを見せられてしまう

すっごく苦手だな、と思う男性がいます。

なんで苦手なのかな……と考えたところ、その笑顔が苦手なことに気が付きました。

正しく言うと、『笑顔になった時に見える歯と歯茎』。

そう、その人、歯並びがぐちゃぐちゃで、歯と歯茎の色が汚いんです。


歯だけは、絶対に自然治癒できない部分です。どんなに歯磨きをしても、ヤニや長年の生活習慣で黄ばんだり黒ずんだ歯と歯茎は治りません。

「笑うたび、見せられたくないものを見せられてしまう」そんな笑顔は悲しいもの。

歯医者、行ってくださいね。

鼻毛で思う男性は鏡を見ていないのではないだろうか疑惑

ちゃんと鏡、見ていますか……？

というと、「見ているに決まっているだろ」と思うかもしれません。が、実際のと

ころ、歯を磨く時、髪を整える時、髭と剃る時にさっと見るくらいのことで、じっくりと、自然光の入る場所で自分の顔を観察する男性って少ないのではないでしょうか？

というのも、世の中の『鼻毛出てる率』の高さを目にするにつけ、『男性は鏡を見ていないのではないだろうか疑惑』に囚《とら》われるのです。

鼻毛というものは、絶対に出ていないに越したことはないです。

どんな格好のいい男性でも（いや、格好いいからこそ）鼻毛が出ていた時のがっかり感といったら、並大抵のものではありません。

まだボンクラっぽい男性ならば、「だらしないなぁ、抜いてあげるよ！」とぴんっと引っ張って抜いて、痛がる様子を楽しむこともできますが、多くの女性はむしろ「鼻毛全開で堂々としてるだなんて、どんだけボンクラなのよ！」とさらに怒りを倍増させるだけだと思うので「鼻毛くらい、笑って許してよ」という甘え心を持っている男性は、今すぐその甘えを捨てたほうがいいです。

同じ『毛』でいうと、黒子に生えている毛や耳毛も、処理したほうがいいでしょう。

人前で歯磨きをしないのと同じこと

わたしの周りで賛否両論なのが、『食後に爪楊枝を使う男』。「別に気にしない」という女性と「不潔っぽくって引く」という意見の両方を聞きます。歯の掃除をしているわけだから『清潔』を目指しているはずなのに『不潔』に見えてしまうのが、この歯のシーハー。

しかし「マナーが悪くて一緒にいて恥ずかしい」という女性こそいても、「食後に歯を爪楊枝で穿っている人が好き」という奇特な女性はあまりいませんので、どうしても歯の詰まりが気になる場合は、お手洗いでするのがいいのではないか、と思います。

こだわりの強い男

『こだわり』は個性です。

なので、まるでないよりは、多少はあった方が、人間として面白いしかっこよくもある。けれども、あまりに細かいこだわりは、『面倒な人』『付き合いにくい人』と思われてしまいます。また、コミュニケーションは相互の譲り合いが大切であるのに、絶対に譲らない頑《かたく》なさは、その邪魔となります。

『プレミアスニーカーは買うくせに、デートは割り勘』は絶対にダメ！

玩具やレコード、本、電子機器など、男性のマニア的な収集癖。

「自分の稼いだお金でやってるんだから……」と尊重する気持ちが持てるか持てないかは、『その男性が自分にきちんとお金を使ってくれるか、くれないか』に関わってきます。

「レアなレコードを買ったから、今月は金がなくてどこにも行けない」「プレミアのついているスニーカーは買うくせに、デートは割り勘」など、『趣味のモノ∨わたし』となると、女性は途端に不満を言うもの。

そもそも、あなたにとっていくら価値があるモノであろうと、多くの女性にとっては『部屋が狭くなるだけの無駄なもの』。

価値のわからない人に、いくらその価値を伝えようとしても無駄であると諦めて、趣味のモノにお金を使えば使うほど、デートやプレゼントもきちんとして、『彼女に関しても、手を抜いていない感』を演出しましょう。

デート飯には、各国料理でイベント性を

食べ物の好みって、育ってきた環境が大きく影響するので、どうしようもないことが多いですよね。けれどもデートに食事は欠かせない要素のひとつです。

そもそも、いろんな食べ物に好奇心を持って『とりあえず食べてみる』女性に比べ

て、男性は食に対してコンサバな傾向にあり、タイや韓国、インドカレーにトルコなど、各国の料理というだけで「無理」という男性がいます。そういった男性は、「食べ親しんだ料理がいい」と定食屋などに入りがちですが、これってすごくもったいないことです。

なぜなら、デート飯はイベント性が高ければ高いほどに盛り上がるもの。

そのイベント性をホテルのバーや高いレストランなど、高級さやラグジュアリーに求めるのも悪くはありません。が、正直財布に痛いし、毎回、おしゃれなレストランをチョイスしても、それはそれで『日常』となってしまいます。

ならば、ちょっと珍しい世界の料理を利用しない手はないと思うのです。

普段、食べないような料理や、入らないような店に入れば入るほど、そのイベント性は高まり、また、『新しい経験』をふたりでしたことで、その親しさは増すもの。

ただし、辛い物やスパイシーな食べ物がダメな女性もいますので、予約の前に確認を。

人と一緒に過ごす時点で、普段通りの生活はできない

『彼女ができたはいいけれど、すぐに別れてしまう』わたしの周りの、そんな男性たちには、ひとつ共通点があります。それは自分の生活を崩さないことです。

とくに休日は、普段はできない洗濯や掃除などの家事を済ませたいし、買い物にも行きたい……という気持ちはわかりますが、彼女と一緒に過ごす場合は、普段通りの生活はできない、と諦めましょう。

女性は休日をゆっくり過ごすのが好きです。

『準備を急がされる』、『遅めのブランチをゆったりと楽しみたいのに、なぜか彼はしきりにそわそわして、まったく落ち着かない』などが重なると「この人とは生活が、ちょっと合わないのかな」と思われてしまいます。

自分の生活のための用事は、平日のうちになるべく済ませ、彼女と過ごす週末は、

一緒の時間を楽しむことに費やしたいものです。

『女はこうであるべし』は捨てる

多くの男性は、大なり小なり、母親の影響を受けて育ってきたものだと思います。

母親は、ほとんどの男性にとって、『初めて会う、近しい女性』であり、故に母親を通して『女』を知っていきます。したがって『女』という生き物がどういうものであるかという刷り込みを、母親から受けることになるわけです。

が、やっかいなことに、『母親という女』は『その他の女』とは違います。

なぜならば、それは『母親』であるから。『母性』で、自己犠牲を犠牲とも思わない（時に過剰な）愛情で、あなたに接するからです。

『母親』という良くも悪くも、濃厚な相手から学んだことを、『その他の女』に望んでしまうのは、仕方のないことです。『女だったらこうなのが当たり前（母親はそうだった)』『(母親と同じく)女だったらこうしてくれるものだろ』と考えてしまうかもしれませんが、それは無理な話です。

多くの女は好きな男性に『母性(のようなもの)』で接することができる反面、また自らも『父親から愛される娘』であり、無条件で愛される存在であるはずだと、心の奥底では思っています。

あなたが思っている『女はこうであるべし』の『女』は『母親の母性』がたっぷりと注ぎ込まれたもの。その物差し自体が特別なものなので、世の女に求めても仕方のないことなのです。

故郷は遠く

東京生まれの東京育ちのわたしですが、地方出身の男性とお付き合いした時に一番困ったのは『食べ物の趣味が合わない』ことでした。

赤味噌が好きだった名古屋出身の彼の場合は、まぁ、それほど問題がなかったのですが、困ったのは関西出身者。

納豆が食べられないのは仕方ないし、わたしだって、強制はさせません。うどんは出汁の利いた薄味がいいというのも納得ができます。が、ポークカレーを出したところ「バカにされた気分になる」といわれた時には「ちょっとそれは違うんじゃない？」とさすがにむっとしました。

知らなかったのですが、関西で肉といえばイコール牛（なので、関東でいう『肉まん』のことを『豚まん』と呼ぶそうです）。そんな彼にとっては『肉』の入っていないカレーを食べさせられるだなんて、とんでもないことなのかもしれませんが、東京育ちのわたしからしてみると、牛肉は安いものは美味しくないし、ポークカレーやチキンカレーも立派なカレー。

故郷の味や風習を尊むことは、美しいですが、あまり強く固執するのは考えものです。

コミュニケーションのとれない男

恋愛に限らず、人間付き合いの基本となるのが『コミュニケーション』です。が、最近ではコミュニケーション障害、略して『コミュ障』という言葉を度々耳にするように、他人と上手くコミュニケーションをとることができないことに悩んでいる人も多いようです。

コミュ障は心の病気のひとつですが、ここでは、コミュ障までいかずとも、女が『コミュニケーションがとれていない』と感じてしまう振る舞いをご紹介します。

問題は『性格の悪さ』からくるコミュケーションのとれなさ

「会話が上手くできない」という男性の悩みをたまに聞きます。

女性を前にすると、緊張で一言も話せない、「おかしなことを言って、バカにされたらどうしよう」と思って、発言ができないまでいくと、やはりそれは心の病ではないでしょうか。

「人はそれほど、他人の発言など気にしていないのだから、もっと気を楽に持てばいい」と思うのですが、それでもやはり『しゃべれない』のでしたら、根本的な原因を取り除く必要があると思います。

もしかして、あなたがしゃべれないのは、『自分の声がおかしいと思っている』『どもってしまうことを気にしている』『滑舌が悪い』せいかもしれません。声質を変えるのは難しいかもしれませんが、発声方法により、声色を変えることは可能ですし、努力が必要ですが、吃音《きつおん》や滑舌を直す方法だってあります。

もしも女性と会話ができないとして、その理由をまず考えてみましょう。理由さえわかれば、あとはその理由を解消するだけのシンプルな問題です。

実はわたしがもっとも深刻だと思うのは、『性格の悪さ』からくるコミュケーションのとれなさです。具体的にいうと、『一度、了承したにも関わらず、やっぱり納得ができないので、勝手に約束を破る』『自分のほうが、詳しいし、頭もいい。だから人の発言を、すべて否定する』『相手が話していて、意見を求められても、興味がない時は、聞き流して無視する』などなど。

男性のあなたから見て、もしかして女のおしゃべりは取りとめなく、興味が持てないかもしれません。けれども、わからない場合は「それはどういうことなの？」と問い直し、きちんと自分の頭で考えて、自分の考えや感想を、決して上からではなく伝える。これがコミュニケーションではないか、とわたしは思います。

文末を疑問形で会話を終わらせるのは止めよう

以前、『会っていない間のやりとり』といえば電話でしたが、最近では、メールや、LINEなどのメッセンジャーで文字で応酬する機会も増えてきたと思います。

電話に比べれば、相手が「いま何をしているのか」をそれほど気にすることなく、気軽に送ることができますが、代わりに相手とその場で対峙できるわけではないので、『メールの返事が返ってこない』『読んだ形跡はあるのにレスポンスがない』という新しい悩みが生じることも。

そんな不安を防ぐために、『文末を疑問形で会話を終わらせる』というテクニックが紹介されているらしいのですが、はっきり言ってこれ、女性たちのウケはよくありません。

『好きな人からメールが来たら嬉しい』のは確かにその通りですし、『もしかして、これから恋が始まるのかも……』というほのかな期待を持ち、互いの好意を測り合いながら、メッセージを送り合うのは楽しくもありますが、男性から送られてくるメールの返信の速さや内容から、あまりに必死さが伝わると、「ちょっとテンションが違う……？」と腰が引けてしまいます。そして、無理につなげばつなぐほど、女性は『面倒くさい』と思い、あなたの印象は悪くなっていくばかり……。

連絡先をゲットしてメールやメッセンジャーでのやりとりは出来たのに、肝心のデートまでこぎつけなかった理由はおそらく、「まだデートもしていない段階でこれなのだから、実際に一度でもデートしてしまったら、もっと面倒くさいことになりそう」と思われてしまったせいではないでしょうか。

話上手は聞き上手

女の言う『話の上手な男性』とは、『面白い話をする人』ではありません。

むしろ、自分で『話が面白い』と思っている男性の話の多くは『俺語り』であり、鬱陶しい場合のほうが多い。


では、女の言う『話上手な男』とはどんな男性か。

それはずばり、女の話を、引きだして聞いてくれる男性です。


わたしの友達で、小汚くて金がなくて背も小さくおしゃれでもない、実にモテる要素がほとんどない男性がいます。

が、その男性はとにかくモテる。どれくらいモテるのかというと、一度、仲間内で6人ほどの女性が集まった時に、その男性の話題が出たのですが、実にその半数以上が「実はヤったことがある」と告白したことがあるほどです。

「あんなにキモいのに」「彼女だっているって、知ってるのに」なぜヤってしまったか。というと、「なんか話してたら、楽しくなっちゃって」と皆言うのです。

その男性の口癖は「女の人はすごい」。

『フェミニスト』であるといえば、聞こえはいいですが、言い換えると『超女好き』。そんな彼は、女と会話する時でもとにかく女の話を聞きたがり、そして、相槌に「本当にすごい」「尊敬してる」「そういうところがいい」を連発するのです。

普段は、鬱陶しい『俺語り』に相槌ばかりを打たされている女が、逆に、根掘り葉掘りと話を掘られ、そのすべてを「いい！　すごい！」と肯定されれば、楽しく、気持ちよくなるのは当然のことです。

『話をするのが苦手』『何を話せばいいかわからない』という男性は、まず、女性に彼女自身のことを尋ねてみましょう。そうして、返ってきた言葉を、すべて肯定していくこと。そうすれば、自然と会話は回っていきます。

余談ですが、そんな話を以前、男性にしたところ、「俺だって、女性をよく誉めてる！」「俺だって、超女好きだし！」となぜかライバル心を剥き出しにして反発されたことがありました。その瞬間に「ああ、この人、会話が下手だなぁ」と思いました。

まだまだある女が嫌う男のタイプ

さて、【自己中心的】【自意識過剰】【怖い】【不潔】【こだわりが強い】【コミュニケーションがとれない】という、女が嫌う代表的な6つのタイプを紹介しましたが、もう少し注意したほうがいいタイプがあります。ざっと紹介しましょう。

ケチな男

ケチであることを、堅実だと思い込んでいる男性がいます。もちろん、堅実であることは美徳ですが、女はやっぱりキラキラとした世界が大好きです。

オシャレなカフェや綺麗な夜景の見えるバー、ラグジュアリーなシティホテルなどに憧れを持っています。男性にしてみれば、同じコーヒーやお酒を飲んだり、セックスをするだけなのに、『雰囲気代』が加算されて倍以上の料金になるだなんて無駄だと思うかもしれません。けれど女にとって『自分にお金を使ってくれない』＝『大切にされていない』と思うものなんです。節約は自分ひとりの時だけにして、女性とデートをするときは、少しだけいいお店に連れていってあげてくださいね。

もちろん、互いに働いている身であれば、割り勘もありです。けれども、一円単位で割る、もしくは十円や百円多く支払ったからといって「オゴった」と恩に着せるような男性はやっぱりケチという印象が否めません。

女は、奢ってくれる男性に悪い印象は持たないものなので、最初のデートの食事くらいはご馳走してあげたほうがいいと思いますよ。

マナーの悪い男

ゴミを道端にポイ捨てしない、決められた場所以外ではタバコを吸わない、などの最低限のマナーを守るのは、人間として当たり前、ということを前提として、男と女の間で守らなくてはいけない恋愛マナーがあります。

例えば、デートの待ち合わせの時間は守ること、ふと間が空いたときに携帯電話を見ないこと、彼女が食事を作ってくれたら「美味しい」と褒めること、などです。また、道を歩くときには、男性が車道側、女性には内側を歩かせてあげたり、電車の席がひとつ空いていたら、女性を座らせてあげることも重要。飲食店では女性は奥です。

ずいぶんと昔のことですが、「腰が痛い」という理由で、奥のソファ席にいつも座りたがる男性がいました。居酒屋やファミレスなどではそれでまったく問題はなかったのですが、少しおしゃれな店でのクリスマスディナーでは、少し恥ずかしい思いをしました。いつものように奥の席へ座ってしまったので、仕方なくテーブル手前の椅子へと腰を降ろし、前を見たところ、その彼以外、一列ずらっと女性……。かといって、一度座ってしまったのを、今さら座り替えるわけにもいかず、マナーを知らないカップル、という醜態をさらすことに。

マナーを必要以上に勉強する必要はありません。自分ではなく、つねに女性を優先させるように振る舞えばいいのです。

優柔不断な男

いくら女が逞しくなった、といっても、やはり男性にはある程度の『男らしさ』を求めるものです。別に『マッチョであれ』と言っているわけではなく、ある程度の決断をして欲しい、ということです。

『草食男子』という、どちらかといえばフェミニンなタイプの男性がモテはやされていたことがありましたが、それは「ガサツな男性が嫌」ということで、優柔不断な男性がいい、というわけではありません。

例えば食事をするのでも「君の好きな店でいいよ」は、女の気持ちを優先しているようで、その実、相手にすべてを放り投げているだけです。

「和食と洋食、どっちが食べたい？」「お肉系と魚、どっちがいい？」と気分を尋ね、「だったら、この近くの〇〇に行こう」と提案するのが理想です。

軽薄な男

「どんな女性が好き?」と聞かれた時などにＡＶ嬢やグラビアアイドルの名前をあげるのは止めましょう。

もちろん、若くて可愛くてスタイルのいい女性に惹かれるのはわかりますが、それ以上に『人を外見だけで判断する薄い人なんだな……』と思われてしまいます。同じ理由で、十代のアイドルの名前を出すのも止めておいたほうが無難です。

「でも、好きなものは好きだし、人気があるからいいだろ?」と思うかもしれませんが、ちょっと考えてみてください。

もしも、三十過ぎの女が、理想のタイプとして、ジャニーズのタレントや、若手のイケメン俳優の名前を出したら、がっかりしませんか?　それと同じことです。

努力する男がモテる

どんな女でも嫌がる男の要素をご紹介しましたが、どうですか？

あなたに思い当たるところはありましたか？

もしもあったなら、治すように努力をしましょう。それがモテるための努力ということです。


さて、次の章では、さらに進んで、『性格の悪さ』を治したあなたが、ひとりの女性ときちんとした関係を築いていく方法をレクチャーします。

第3章

女が男に惚れる境界線

どこで出会って、どう付き合うの？

女が嫌がる『振る舞い』を知ったあなたは、『モテるための土台』ができた状態です。しかし、いくら、『モテる』ための準備が整っていても、家の中でじっとしていては、モテようがありません。

そこでこの章では、さらに具体的に、出会いの場所の紹介から、出会った女性とどうやって関係を進めるか、また、あなたを好きになる可能性のある女性はどういうタイプか……などを一緒に考えていこうと思います。

出会いはどこにあるのか？

以前、男女の出会いのスポットに潜入し、その実情をレポートする、という連載を三年半ほど続けていました。毎月毎月、様々な出会いの場に潜入して思ったことは、世の中の男も女も、これほどまでに出会いを求めていて、そのニーズに応えて様々な出会いの場があるんだな……ということです。

皆様の中にも、『そもそも女性と知り合う／触れ合う機会がない』という方、また『新しい出会いの場を知りたい』という方がいらっしゃるかと思います。

しかし、ひとくちに『出会いの場』といったところで、そこに集う層や目的は様々。

というわけで、わたしが実際に行って経験した出会いの場のいいところ／悪いところをご紹介します。

出会いに行こう！

婚活パーティー

結婚相談所が主宰する婚活パーティーは、結婚を視野に入れた出会いの場として最もメジャーかもしれません。

わたしが参加したのは、一対一着席会話型と呼ばれる、座っていると目の前に男性が順番に回ってくる、回転寿司方式のパーティーでした。

ひとり約2分ほどの持ち時間で、20名ほどの参加者全員と会話した後、フリータイムで「いいな」と印象を持った方を3人選んで5分ほどのフリートークタイム。最後に気に入った男性の番号を3つほど書き、もしもマッチングすれば、そのあとふたりでデートへと向かう、というものです。

料金は、その時は女性無料で男性は五千円ほどでしたが、『年収一千万以上』『医者・弁護士限定』などの好条件の男性のみが集まるパーティーになると、逆に女性の参加費用の方が高くなるそうです。

その日参加していたのは、男性は三十代から四十代、女性は二十代から四十代といったところでしょうか。男性も女性も、真面目そうで、おとなしめの雰囲気の方が多く参加していらっしゃいました。

しかし、なんといっても、ひとりにつき2分ほどの持ち時間しかないのですから、まずは「興味を持ってもらう」というのが大きなハードルになります。

対面して、まずは互いのプロフィールシートを交換してからトークすることになるので、プロフィールシートには話のネタになりそうなキーワードを散りばめること（例えば映画鑑賞が好きであればただ『趣味：映画鑑賞』と書くだけではなく、好きな映画を羅列するなど）がポイントです。

社会人サークル

テニスやスキー、バーベキューやピクニックなどを楽しむ社会人のためのコミュニティーです。多くは有志によるボランティアで運営されていますが、中には上層部が儲かる仕組みになっているところもありますので注意が必要です（といっても、可愛い女の子がたくさんいて、仲良くなるという目的が叶えば、運営側が儲かっても別にいい気もしますが……）。

「いきなりテニスやスキーはハードルが高い」という場合は、ただの「飲み会」に参加するといいでしょう。わたしが参加した社会人サークルの飲み会は、会費は女性三千五百円、男性五千円ほどで、都内の居酒屋の一部を借り切って行われていました。

参加者は女性は二十代、男性は三十代が主流で、「友達づくりに来た」「みんなでワイワイするのが好きなんです」という明るくてフレンドリーな雰囲気でした。

ただし、座る席は自分で選べず、四十代の男女はひとつのテーブルに押し込められて、なんだかドヨンとした淀んだ雰囲気でした。

あなたが四十代・五十代の場合、あまり若い人向けのサークルに参加すると、少し居心地が悪いかもしれません。

料理合コン

一時期流行した趣味コン。ただ飲んで話をするよりも、共通の作業をしながらのほうが親密になれる……というのが売りでしたが、実際の料理合コンは、出会いの場としては圧倒的に出会える人数が少ない、というイメージでした。

わたしが参加した時は４対４。合コンだって、それくらいの人数で行われることが多いのですが、それを「出会える人数が少ない」と感じたのは、おそらく、参加者の男性が年もタイプもまちまち過ぎたからかもしれません。

普通合コンの場合は、幹事がメンバーを集めるものなので、年やタイプなどが似たような男性が集まりがちです。しかし料理合コンは、各々申し込んだ人々が当日、初めて顔を合わせるものなので、まるで統一感のない集まりになってしまうわけです。

また、でしゃばりすぎず、かといって、控えめすぎてはアピールができない、というわけで、空気を読むのに疲れてしまい、実食（お酒を飲みながら、作った料理を食べるところまでがセットです）が終わった時点で、ぐったりでした。

料理合コンに参加するのだったらいっそ、料理教室に通ったほうが、たくさんの女性と出会えるのではないでしょうか。

街コン

この頃、あちらこちらの街や商店街が勢力をあげて行っている『街コン』。

同性二人一組になってエントリーすると、当日、街コン参加者の証明であるリストバンドが貰えます。同じリストバンドをしている異性と相席での会話を楽しみつつ、参加店舗の料理と酒を堪能できる仕組みです。

街コンのいいところは、参加者の女性もほぼ同じくらいの参加費を払っているということろ。男性のおごり目当てなどではなく、自分で身銭を切るくらいには出会いを求める女性が参加している、ということです。

しかし、二人一組の友達同士での参加ということ、また、参加費用自体はそれほど高額ではない（男性は五千円～七千円、女性は三千五百円から五千円程度）ところから、「何店舗かお店をハシゴすれば元は取れるし、それにちょっと素敵な出会いがついてきたら、ラッキー！」くらいの気軽さで、婚活というよりも友活、恋活の色が強いせいか、若くて可愛い女のコの参加者も多く見ることができました。

もしも、「街コンに参加しよう」と思うならば、一緒に参加する同性の友達は、できるだけモテる人を選びましょう。連れはライバルにあらず、モテる人とペアになると自分が引き上げられて、断然有利です。

出会い系パーティー

クラブやディスコなどで行われる出会い系パーティーです。わたしが参加したパーティーは、入口でリストバンドを巻かれて「彼氏募集」「友達募集」「間にあっています」の三種類がひと目でわかるようになっていました。

参加層は男女ともに下は二十代。女性は三十代の前半くらいまでですが、男性は四十代も多く目にしました。

しかし、やはり会場が『夜遊び』の場所であるからか、チャラい雰囲気は拭えず、『遊び慣れている人がモテる』場所なので、初心者はそういった場所に慣れている友人や同僚などに連れていってもらうのがいいかもしれません。

ひとり合コン

あまり聞き慣れない言葉ですが、インターネットなどで申し込むことのできる、ひとり参加OKの合コンです。
当日、指定された店に行くと、同じく事前に申し込んだ男女がいて、皆でそこで二時間ほど飲み食いしつつ『合コンをする』というシステムで、「合コンがしたいけど、一緒に行く友達がいない」、または「合コンをセッティングしてくれる女友達がいない」といった人でも合コンに参加できます。

わたしが参加した時は、男性は三名ともが三十代後半で、ひとりだけ四十代でした。女性はわたしを含めて二人が三十代で、残り二人は二十代。会計事務所の受付や、製造業の事務など、あまり派手ではなく、かといって、それほど地味でもない『ごく普通のOLさん』といった女性が参加していました。

参加費用は男性が八千円、女性は五千円。値段のわりにビールが飲み放題でなかったり、コースのお料理がしょぼかったりしましたが、合コンセッティング料込みでこの値段ならば、まぁ、仕方がないというところでしょうか。

しかし、街コンと同じく、こちらの女性陣も身銭を切っているだけあって、『素敵な出会い』にかなり期待している様子。恋愛からの結婚を目指したい、という男性にはオススメの出会いの場です。

オフ会

フェイスブックやツイッターなどにとって代わられ、すっかり下火になった某SNS。しかし、『飲み会』や『オフ会』のコミュニティーはまだまだ盛んで、毎週のように50人から100人規模の集会が行われているようです。

小規模なものは社会人サークルに近いノリですが、年齢の幅は狭く、参加者はほとんどが二十代でした。

「恋人をつくる」というガッツいたノリというよりは、「地方から出てきて、とにかく知人を増やしたい」「気軽に飲める飲み仲間を探している」という参加者も多く、また、『三十代限定』『ご近所限定』なかには『既婚者限定』というものもありますので、自分に合ったオフ会を探して参加してみると、出会いがぐっと広がることと思います。

一方で大規模なものに関しては、パーティー運営会社などが関わっていることも多く、アットホームさが失われる一方で、参加者が多いという利点もあります。しかし、あまりに不均衡《ふきんこう》な会費（女性無料だったり、千円など）の場合は、「タダ飯狙い」の女も多く、そんな女を狙ったナンパ師などが狩場に使っていたりして、あまりいい出会いの場とは言えません。

ハプニングバー

エッチ系に特化した出会いの場といえば、なんといってもハプニングバーです。

ハプニングバーとは、飲んでいる客同士の間に即興で性的な何かが起こる可能性のあるバーのことで、「後腐れなくエッチなことがしたい」という女性客も多く来場しますので、タイミングと運さえよければ、初対面の素人女性とセックスをすることも夢ではありません。

「そうは言っても、そういう『後腐れなくエッチしたい女』は、エッチが上手そうな男が好みなんでしょ?」と思うかもしれませんが、それは違います。

性的に奔放で自分の快感を知っている女は、自分で自分を気持ちよくする方法を知っている。だから、我流でオラオラとしてくる男性よりも、どちらかといえば『受け身』で『可愛い感じ』の男性が好きだったりもします。

『後腐れなくエッチしたい女』と居合わせることができ、清潔感に気を付けてさえいれば、セックスをするのはそれほど難しいことではありませんが、単独の男性料金は、入会金一万円に、入場料二万円程と高く、また、必ずしも、そういう女性と居合わせることが出来るかというと保証がないところが諸刃の剣でもあります。

「次」につなげるには？

せっかく女性と出会っても、二度と会わないのならば、それは出会わなかったのと同じことです。「せっかくオフ会に行ったけど、可愛いコがいなくって……」「好みのタイプじゃないってわけじゃないんだけど、忙しい仕事の合間を縫ってデートするまでのモチベーションが湧かない」。こんなふうに出会いを使い捨てていては、いつまで経っても今の状態で「モテたい」と言いながら年を取っていくばかりです。

袖触り合うも多生の縁。『恋人候補』から外したからといって、連絡先を消してしまうのはもったいないですよ。

まずは、女友達から始める

『女友達』というものは、一対一での関係が基本となっている恋人とは違い、何人いてもいいし、逆に、相手の女性に何人、男友達がいようが問題はありません。ようはモテる自信のないあなただって、女友達はつくれる。

しかし「友達になろう」といってなるものでもなく、学校や職場、飲み仲間のグループなど、同じコミュニティーに属している中から「話していて、気は合うけど、男女として付き合うまではいかない」「特にものすごく気が合うわけじゃないけれど、互いに酒飲み同士で時間帯が合う」「家が近くて、なんとなく気軽に会える」というふうに自然と仲良くなるもの。

そして、ふたりの関係の深さも、たまたま相手の性別が女であるだけで、『男同士とまったく変わらない関係』から『互いに（もしくは片一方）異性として好意を持っていたけれど、男女の関係になるまでに至らなかった』場合、また、たまにセックスもしている『セックスフレンド』まで、そのレベルは多岐に渡っています。

『セックスフレンド』はやや特殊なので置いておくとして、基本的に『友達』というからには、相互の理解が必要です。互いの考えがぴったりと重なり合わずとも、相手を尊重することができないと、やはり『友達』とは言えないのではないでしょうか。

もちろん、贔屓《ひいき》の球団や好む音楽、政治、世の中に対するスタンスなどなど、互いに曲げられない主張や主義を持っている場合でも、それを頭ごなしに否定をしてしまっては、『友達』でいるのは困難です。

絶交宣言をするところまではいかずとも、「一緒にいると、いつも嫌な気分になる」とだんだんと疎遠になっていってしまうものです。

彼氏と男友達の違い

一方で女は、男友達には、恋人に求めるほどの要求はしません。

きっちりとレジ前で割り勘で構いませんし、ビールが一杯１２０円のチェーン系激安居酒屋でだって、王将で餃子とサワーでも全然ＯＫ。別にＴシャツに食べこぼしの染みがついていても、鼻毛が出ていても「だらしがないなぁ」で笑って済ますこともできます。あなたが実はオタクで、アニメのＤＶＤ ＢＯＸを揃えていると聞いても、別に「ふーん」としか思いませんし、休日はアイドルのおっかけに費やしている、と知っても、「そういう趣味を持ってるんだな」くらいの感じです。

が、逆に女友達に関して、絶対にしてはいけないこともあります。

女は男性が、『立てて欲しい生き物』ということを知っていますし、例えば自分は『A』がいいと思っていても、恋人が『B』がいい、といえば従うこともできる。

けれども、友達である以上は、完全に対等であるわけで、ならば『A』か『B』のどちらを選ぶかも、対等に決めるのが筋。

そこを「女は普通、譲るものだ」となると「だったら、あなただって、男の役割をまっとうすべし！」となってしまう。こうなっては、友情が決裂《けつれつ》せざるを得ない、というわけです。

女友達はいいことだらけ

さて、『女友達』をつくるのに必要なものは何かということをまとめると、まずは『場』です。これは、職場や趣味のサークルなど、できるだけ頻繁に会う機会があるほうが、親しくなりやすいでしょう。あとは「帰りにさくっとご飯を食べて帰らない？」「飲みに行こうと思ってるんだけど、どうかな」など気軽に誘いをかけてみましょう。

その際、二人きりで女性が好みそうな店を選んでしまうと、デートと勘違いされてしまうのと、女性側に「御馳走してもらえるのかな」と期待をさせてしまうので、最初は複数のほうがいいかもしれません。

こうして実績を重ねていく上で、『友達』になっていきます。『友達』になるためには、デートスキルや面白い会話のテクニックなどは必要ありません。

もちろんひょんなきっかけで、『友達』から『恋人』へと関係が変化することもありうるし、冒頭に書いたように『女友達はひとりでなくてはいけない』と決まっているわけではありません。むしろ、ある程度、多くの『女友達』がいることは、あなたにきっとプラスになります。

世話焼きな女性であれば、あなたに合いそうな女友達を紹介して仲を取り持ってくれるかもしれませんし、「彼女が欲しい」という悩みを話せば、どこをどうしたらいいのか、役に立つアドバイスをしてくれることでしょう。

とにかく今すぐセックスがしたいのなら

「とにかくセックスがしたい」のならば、『セックスを軽くさせてくれる女性の好む服装と髪型』に変えて、何人に、何度断られてもへこたれずに「可愛いね、エッチさせて」と言い続けることです。

「気持ち悪い」「頭がおかしいんじゃないの?」「死んで」などと罵倒されてもめげずに言い続けていれば、そのうち『ヤリマン』に当たることでしょう。

以前、ストリートナンパ、通称ストナンの取材で、有名なナンパ師に密着しナンパテクニックを見せていただいたことがあります。このストナンの目的は、女友達や恋人候補の女性を見つけることではなく、ずばり『即』を目指すこと。

『即』とはストナン用語で「その場でセックスまで至ること」であり声をかけたその場で、カラオケボックスやレンタルルーム、ネットカフェの個室に連れ込んでセックスをするのがストナンの基本です。

わたしが密着させていただいた某氏は、確かにそこそこ女性が好きそうな可愛らしい顔をしていましたが、けれども、絶世の美男子ですとか、超イケメン、というわけではありません。特徴的なのはその雰囲気で、いわゆる『ホスト系』といいますが、ふわふわと立たせた髪の毛に、襟元にファーのついたジャケット、細身で身体のラインがわかるTシャツ、デニムにはラメが光り、足元はトンガリブーツ。多くの女性ならば「チャラくてキモい」と敬遠する姿かたちでした。

が、しかし、ストナンで『即』をオーケーするギャル系の女たちは、どうやらそのファッションを好むそうで、自分の趣味嗜好は関係なしに、その格好をするのが成功への近道だとか。

そうして、駅から繁華街へと向かう女性（ここがポイントで、シロウトは用事を終えて駅に戻る女性に声をかけがちですが、逆に、これから遊びに行く女性に声をかけたほうが、成功率は高いそう）に声を掛けていくのですが、その時に大切なのは「可愛いコ」「ヤリたいと思ったコ」ではなく「軽そうなコ」「ヤラせてくれそうなコ」を優先し、とにかく片っ端から声をかける。すると、驚いたことに本当にものの10分ほどで、引っかかり、ナンパ師の彼は女性とともに、ネットカフェへと消えていったのです。

さて、あなたがもしもセックスがしたいのならば、こういう方法を取るのもひとつの手ではあります。「でも僕はデブだし、おじさんだし、ホスト系の格好なんて似合わない」と思うかもしれませんが、大丈夫です。ギャルだけではなく、黒髪で一見清楚風であったり、ショートカットでスポーティーなタイプや眼鏡をかけた文系っぽい女の中にも、『ヤリマン』はいます。そして、そういうコたちの『ヤリたい対象』は童貞っぽかったり、デブでイモっぽい男性だったりすることも。

『セックス』がしたいあなたに必要なのは、とにかく女性に軽く「可愛いね、ヤラせてよ」と言えるようになること。傷ついても傷ついても、何度でも立ち上がり続けていれば、やがて、『ヤリマン』に出会えるはずです。

彼女が欲しいあなたへ

「いやー、欲しいですね」

独身で恋人のいない三十代の男性に「彼女つくらないいんですか?」と聞くと、八割方、そんな返事が返ってきます。しかし、半年後や一年後に、その男性に彼女が出来ていることは、ほぼありません。

たまに「彼女ができました」という男性もいないではありませんが、それは前回、「彼女つくらないんですか?」の質問をした時に、たまたま彼女がいなかっただけで、よくよく聞けば「前の彼女とは三か月前に別れたばっかり」だったりもします。

シングルのエアーポケットに入った状態であれば、すぐに『彼女持ち』に戻ることはできます。しかし、三年以上間が空いてしまうと、再び『彼女持ち』になるのは、なかなか難しい状況になります。


若い頃ならば、結婚やその後のライフプランニングを考えずに、女性と付き合うことができました。しかし、それなりに歳を経て、恋人とする相手の年齢もあがってくると、やはり『将来』を意識しないわけにはいかず、なかなか恋愛することへの腰が重くなってしまいます。

「結婚はまだ考えられない……」というのならば、結婚などを気にしない若い女のコをターゲットにするという手もあります。また、バツイチで男性に懲りている女性などは、「恋人は欲しいけれど、再婚などは当分は考えられない」という方もいます。

もしもあなたが「恋愛だけを楽しみたい」と思っているのならば、そういった相手を恋愛のターゲットに絞る手もあります。しかし、若い女性は恋愛市場では人気がありますので、口説くのは少し大変かもしれません。バツイチ女性にしても、『結婚・離婚』を経験している分だけ、男を見る目が肥えています。しかし、多かれ少なかれ、女性を口説くのは大変なことですし、手ごたえがあった時は、その大変さを忘れてしまうほどに、楽しくて嬉しいものです。

「面倒くさそう……」と二の足を踏まず、まずは女性をデートに誘ってみましょう。

面倒くさがっていては、恋愛はできません。

デートは恋の分かれ道

まずはどこへ行くかが問題

つい先日、飲み会の席でたまたま、もう何年も彼女のいない男性が五人揃いました。

そこで、「女のコをデートに誘うなら、どういうコースを提案するか」という話題になり、それぞれ順番にプレゼンをしてもらうことになりました。

出てきたプランはこんな感じです。

A. 立川談春の落語を見てから、老舗の鰻屋。
B. BiSのライブを見てから、適当な居酒屋。
C. 恋愛映画、もしくはコメディー映画を見てからシャノアールでお茶をしながら感想を言い合い、牛タン屋のねぎしで夕食。
D. ラウンドワンのスポッチャで遊び、浅草の煮込みストリートで外飲み。
E. 家の近所の焼き鳥屋。

どれも、『これが俺の好きなものだ』という意思の伝わるデートコースです。が、ちょっと伝わりすぎているのが問題です。

デートにこだわりを持ち込むあなたには

まず、Aの問題点から。A氏いわく「立川談春の独演会はプラチナチケット」だということですが、多くの女性は落語にあまり興味がありません。

「誘われたら、行ってもいい」と思っている好奇心旺盛な女性もいるとは思いますが（わたしも行ってみたいです）、それにしたって、しょっぱなから、独演会はハードルが高すぎます。百歩譲って、何組もが出演する寄席が無難です。

ちなみに鰻屋は好感触ですが、焼きあがるのを、ただお茶を飲んで待つのではなく、鰻ざくやお新香をツマミに日本酒でも酌み交わすと、『ちょっと特別』な雰囲気が出てデートにはぴったりです。

こういういい意味での『こだわり』を持ったデートに誘うならば、文化的なことを楽しむことのできる大人の女性がいいと思います。そういう女性であれば、外見よりも中身を重視してくれるので、ルックスよりも中身で勝負したいあなたにもおすすめします。

かっこつけない自分をわかってほしいあなたには

お次はＢ。ご存知ない方のために説明をすると、Ｂ・ｉＳとは『新生アイドル研究会（Brand-new Idol Society）』というアイドルグループ。アイドルグループの中では、異端として熱狂的なファンを持っています。これも個人的には興味がありますが、やっぱり一般的にはちょっと辛いと思うんです。最近はアイドル好きの女性も多くいますが、やっぱりそれは一部ですよね。

「かっこつけても仕方ない、自分をわかってくれないと……」という趣向らしいのですが、やっぱり男も女も、異性に対しては、多少はかっこつけないとダメなんです。「適当な居酒屋」というのもＮＧ。新鮮な魚介が採れる海辺の町ならともなく、都心の適当な居酒屋が美味しいことなんてめったにありません。全体の感想としてはデートというよりはむしろ、『いつもの休日に付き合わされた』としかいいようがありません。

しかし一方で、アイドル好きや、アイドルに興味のある女にとっては、あまり気張らずに受けることのできるデートでもあります。

『流行っているカルチャー』は一通り試しておきたいサブカル系女子、また、『可愛い女のコ』が好きなアキバ・オタク系の女のコなどは、気軽に「行きたい！　行こう！」となる可能性が高いので、誘ってみてもいいかもしれません。デートにさえこぎつければ、そこでいいところを見せることも可能なんですから。

無難すぎるあなたは

Cについてはどうでしょうか。デートで映画といえばテッパンです。恋愛映画やコメディーというチョイスも無難。が、その後のお茶は、デートの場合はカフェに入ることをオススメします。

たかがコーヒーを飲むのに高くてもったいない、と思うかもしれませんが、女って本当にカフェが好きなんです。男性からすると「くだらない」と思うかもしれませんが、素敵な場所で素敵なものを食べることに満足感を覚えるのが女。パンケーキやワッフルの美味しいカフェなどを知っていると、ポイントがアップします。

そして最後に夕食。

この男性は、実はお酒が飲めないのです。だから、定食屋を選んだのでしょう。確かにねぎしは美味しいですし、値段もそこそこ、安いわけではありません。牛丼チェーンではないところが、彼の中で『デートに相応しい店』と位置付けられているのだと思います。が、ランチならともかく、夕食の場合は、ひとり一人前ではなくシェアできる料理を選ぶのがベスト。女は「ちょっとずつ、いろんなものを食べたい」という欲張りな生き物なのです。

そして重要なことがひとつ。もしも自分はお酒を飲まないにしても、女性にはすすめること。そして自分はソフトドリンクをオーダーすること。

「いくら好きなものを飲んでもいいよ」と言われても、目の前でお冷を飲まれていたら、オーダーしにくいものです。

映画から喫茶店、そしてノンアルコールというデートには『急激な発展はしにくい』というデメリットがありますが、逆に『ゆっくりと仲が深まる』といういいところもあります。とくにシャイだったり、引っ込み思案な女性、物事にあまり慣れていない女性は、逆に気取り過ぎたカフェや気張ったレストランに連れていくと、物怖じしてしまうこともあります。なので、同じくあまりアルコールを嗜《たしな》まない、堅実的でピュアな女性と出会えれば、じっくりと愛を育むことができるかもしれませんね。

サプライズ好きのあなたには

Dの彼のデートコースは、わたしは一番、好感を持ちました。

バッティングや卓球、バトミントンなど、普段あまりやる機会がないスポーツでも、たまにやると楽しくて夢中になってしまうものです。しかも、バスケットで1on1などをすれば、自然とスキンシップできることで親しみが増すことにもなります。

その後の『浅草の煮込みストリート』の赤ちょうちんも、イベント性があります。とくに気候のいいシーズンはビアガーデン気分で楽しめるので、喜ぶ女性も多いのではないでしょうか。

ただし、このようなデートに誘う場合は、予め、デート場所を知らせるか、もしくは、「ちょっと歩くかもしれないから、ヒールじゃない靴で」「温かい格好のほうがいいかも」と伝えておくのがベストです。デート時、女性は薄着をしがちなので、赤ちょうちんだけでなく、オープンカフェに入る時なども、お店の人に頼んでブランケットを取ってきてもらうなどの気遣いがあると好感度がアップします。

若い女性や、学生時代にスポーツをしていた、活発なタイプの女性などは喜ぶと思いますが、一方で、しっとりとしたデートを楽しみたい大人っぽいタイプの女性や、運動がとにかく苦手という女性には、敬遠される可能性もあります。その場合は、ボーリングやダーツなど、ゲーム色の強いスポーツをするといいかもしれません。

めんどくさがりのあなたは

最後にE。

「最初のデートは、やっぱりさくっと飯くらいでしょう」とのことですが、それはある意味『身ひとつ』で勝負するようなもの。

もともとモテる人ならばありですが、そうでないと「ただの友達と焼き鳥を食べた」としか認識してもらえない可能性があります。

また、『自分の家の近く』というのにも、女性側を呼びよせる、という不公平感と、『家の近くで済ませた』という手軽感、そして、あわよくば……と企んでいるのかしら？　という疑念を感じずにはいられません。これが、有名な焼肉屋であったり、飲み屋横丁の飲み歩きの提案であったりと、『その街にしかないもの』であれば、だいぶ印象は違いますが……。

さて、なぜかこの五人の男性から出てこなかった、女の大好きなデートスポットがあります。

それは『夜景』です。

男性の多くは『夜景』になど、まったく興味がないと思います。だから、「連れて行こう」という発想が出ない。けれど、女は逆。『夜景』が大好きです。

それに『夜景』は男性側にもメリットがあります。薄暗いのだから、そっと手を握ったり、肩を寄せたりするのにもピッタリ。

そんな『夜景』の観れる場所を活用しない手はないので、心に留めておいてくださいね。

セックスに誘う

何回目のデートでセックスに誘えばいいのか？

「何回目のデートでセックスに誘えばいいのか？」とあなたが悩む裏には、「断られたら嫌だ」という気持ちがありますよね。

「ガツガツしている」と笑われたり「そんなつもりじゃなかったのに」と軽蔑されたりするのが、恥ずかしい。また、「あなたとはまだセックスがしたくない」という意思の表明に傷つく……けれども、あなたがセックスがしたいのならば、必ず通らなくてはいけない道でもあります。

この「ガツガツ」や「そんなつもり」を女が感じなくなるのは、時間の長さではなく、あなたとの関わりの深さ。ようするに、何十回目のデートであっても、まだあなたとそこまで親しくないと思っていれば、「ガツガツしてる」「そんなつもりじゃなかったのに」と思われてしまうのです。

なので、セックスに誘うのに『何回目にすべし！』という正解などありません。彼女があなたと「セックスをしたい（してもいい）」と思ったタイミングが、その時なのです。

しかし、ある程度の回数を重ねたほうが、『関わりの深さ』が増すのも真実です。そもそも、あなたが一回デートしただけで、女のコを『セックスしてもいい』という状態まで持っていけるのならば、この本を読まなくても、ある程度はモテる男性だと思います（もちろん、『一度だけならエッチできるのに、次に続かない』という人もいると思いますが、それについては、後で述べます）。なので、多くの男性は『一度目のデートではセックスができない』と思っておいたほうがいいでしょう。

女にとってセックスがカジュアル化した今、まずはセックスをして、その男性を判断する女性も増えています。しかし「一回目のセックスでOKしたら、軽い女だと思われて、ヤリ捨てられてしまうかも……」という不安を持っている女性は『セックス

＝愛情の証』だと考え、ある程度の愛情が互いに交換できるようになってからでないと、身体を許したくはないという考えが大多数なのではないでしょうか。

しかし一方では、デートを幾度も重ねているのに、いつまでたっても求めてこない男性に、「ひょっとして、わたしには魅力がないということ?」「わたしが彼女足りえる存在だと、様子見しているのかな」と疑心を抱いたり、また、「セックスをしたそうなのに、言い出せない優柔不断な人」と苛ついたりもします。なので大切なのは、きちんと彼女の気持ちを読むことです。

女のOKサイン、NGサイン

「スキンシップしても嫌がらない女はイケる」と巷ではよく囁かれていますが、逆に『モテるテクニック』として、女の間でも広く知れ渡っています。

そのため女の側からしても、「この人を落としたい」と思った時には、自分からさりげなくタッチして、好意をアピールすることは重々あります。しかし中には、無邪気というか、天然でスキンシップの多い女性もいますので、「勘違いで恥をかきたくない」という男性は普段から自分以外の男に対する態度を見ておくといいでしょう。

食事などで席についた際、携帯電話やスマホを鞄の中に閉まったまま出さないのは、「時間を気にしていない」という女性からのアピールの場合があります。逆に頻繁に携帯の画面を見て時間を確認している女性は、あなたにあまり気がないので、口説くのは難しいかもしれません。

一方で、たとえ嫌であっても、スキンシップしてくる男性に「止めてください」とはっきり言うのは、それはそれで難しいもの。『触らせるからといって、セックスをしてもいいと思っているわけではない』ことも多々あるのが実情です。

触っても嫌がる素振りを見せないからといって、ベタベタとスキンシップを重ねていると、裏でセクハラ男扱いされている可能性もあります。

「いえーい！」などと、ノリよく抱きついているふりをしても、女は敏感に『この人、体に触りたがっているな』と感じ取るものですので、ご注意ください。

誘い文句はどうする？

女は四六時中、セックスをやりたいと思っている生き物ではありません。スイッチが入った時だけ、『やりたい気分』になります。そのスイッチは何か、というとトキメキ。そしてトキメキを感じさせる、一番簡単な方法がキスです。

もちろん、セックス自体が大好きな女性も多くいますが、だいたいの女性はセックスそのものの行為ではなく、『男性に求められること』が好きだったりします。

少しオーバーですが、女はセックスを『愛されているゆえに、欲され、乞われて、許すものだと思っている』と考えてもいいくらいです。

もちろん「終電がなくなっちゃったから、泊まっていかない？」という言い訳でホテルに誘い込むのもない手ではありませんが、それよりも「君が欲しい」と言われたい。けれども、素の状態のまま、そんなことを言われても、「ちょっとまだ早いかな」「泊まっちゃうと、明日の予定が狂っちゃうし……」「今日はそのつもりじゃなかったから下着が……」と理性が働いてしまう。その理性を停止させ、「君が欲しい」を身体で伝えるのが、キスです。

『デート』の章で夜景スポットをオススメしたのは、このためでもあります。暗くてロマンチックな場所ならば、自然とムードも高まるし、人目を忍んでキスだってしやすい。

まずは軽くキスをして、相手の様子を窺うこと。相手がもう少しして欲しそうだったら、再び、今度は少し長めのキスをする。舌を絡めてみて、彼女のほうから舌を絡み返してくるようだったら、一段落するまでキスをして、唇が離れたところでラブホテルやあなたの自宅に誘うこと。これがベストなタイミングです。

女性のタイプ別、口説き方・誘い方

「それでも、どう誘えばいいのかわからない……」と悩むあなたに、女性のタイプ別の口説き方、誘い方をご紹介します。

内気な女性に対するアプローチ

内気で控えめな女性を口説く上で、一番大切なのは『へこたれない心』です。

喜ぶ姿が見たいと思ってアレコレしても、心に届いているのかいないのか、さっぱりわからない。迷惑がられているのか、それとも本心では嬉しがってくれているのかと、悶々と悩んでしまうかもしれませんが、そう気に病むことはありません。

嫌だったら、あなたの誘いには乗ってこないはずなので、レスポンスがないのは、まんざらでもない証拠と思い込んで、あなたからどんどんアプローチしていかないと、何も前進しません。駆け引きみたいなものを、内気な女性に試してはムダ。

　また、内気で控えめな女性は、その自己評価の低さから、感情を表に出せないでいる可能性があります。

「嬉しいけれど、わたしなんかに、なんでこんなことをしてくれるんだろう……」

　そう卑屈になるな、と言いたいところですが、本人だって、そうなりたくてなっているわけではないのですから、仕方ない。

『そういう内気なところも含めて、好き』だときちんと伝え、また、「前髪を作ったのは似合っている」「新しいブーツがとても似合う」など、彼女の選択をひとつひとつ肯定していくと、「この人は、ちゃんとわたしのことを見ていてくれてる」と徐々に打ち解けてくれるはずです。


　そんな彼女を初めてホテルに誘う場合には、「今日は、終電逃しても大丈夫？」「明日って予定ある？　今日はこのまま泊まって、明日、○○に行かない？」などと彼女がイエスかノーだけで応えられるように話をすること。

　間違っても「今日、どうする？」と判断を彼女に投げてはいけません。

サバサバ系

『さっぱりとしたサバサバ系の女』と言っても二通りのタイプがいます。

ひとつには、本当にさっぱりとした『真正サバ女』。こだわりが少なく、身軽で、少しガサツ。このタイプは、優柔不断で決断力のない男性を苦手とすることが多いので、「ホテルに行こう」とダイレクトに伝えるのがいいでしょう。

ホテルを選ぶ時も、決定打を決めかねて延々と歩くよりも、「ここ、露天風呂あるんだって！」「このホテルなら昼12時チェックアウトだから、ゆっくり眠れるね」など、わかりやすい提案をして、同意が得られたらさっさと入ってしまいましょう。部屋についても「どうせ、どこも似たり寄ったりで値段だって千円二千円しか変わらないのに、なんでそんなに悩むかわからない」と思われないように即決が大切です。

さて、もうひとつは、本当は心に乙女を持っているのに、対外的にはサバサバを装っているタイプ。

〝乙女な自分〟に対する照れや捩《ねじ》れた自意識から、素直になれず、サバサバを装っている『疑似サバ女』の根底には、実は「女性として尊重されたい／大切に扱われたい」という気持ちが強くあります。

かといって、最初からあまり甘いムードで責めると、心の中では嬉しいくせに、「こういうロマンチックなの、苦手」と悪態をついて雰囲気を壊そうとしたり、「頑張っちゃって」などと冷やかしを口にすることも。

なので、ホテルに誘う時は「今日は、泊まっていこうよ」とあっさりと誘い、途中に寄ったコンビニで、「なんでも好きなもの、入れていいよ」と、アイスやスイーツや、お酒、ストッキングなどを買ってあげてフォローを入れること。また、ホテルに関してもリゾート風などの、『ちょっぴりステキ』が漂うホテルを選ぶのが重要です。

心中の乙女を見抜けずに、「どうせ、ホテルなんて、どんなところでもいいだろう」と安いだけが取り柄のラブホを選ぶと、そのサバサバキャラを活かして「やっぱ、やーめたっ！」とホテルの目前で逃亡を食らう可能性もありますのでご注意を。

甘え下手・独立気質

『惚れた弱み』『好きになったら負け』『シーソーゲーム』というように、恋愛感情が互いの間で不均衡であるのは仕方がないこと。

しかし、そこをあくまでもフィフティ・フィフティの均等恋愛を目指す女性は、実は自分が臆病で依存体質であることを知っていて、それを怖がっていたりもします。

一方的に好きにならないように、重いと思われないように……と肩肘を張って見えるからといって、「もうちょっと甘えてもいいんだよ」などと、彼女たちに言ってはいけません。

そうやって甘えることができない不器用を、自分でも歯痒く思っているからです。

「でも、もう少し甘えてもらいたい」と思ったならば、あなたがより彼女に甘えればいいのです。そうすれば、彼女はあなたの甘えと均等を取ろうとして、ようやく甘えられる……というわけです。

また、別の意味で男性とフィフティ・フィフティを目指す女性がいます。

男性と対等に仕事をしていて、そこそこの稼ぎを持ち、そんな自分にプライドを持っている、そんなタイプは、男性に借りを作るのをよしとしません。

デートであっても、「今日は御馳走になったから、今度はわたしに出させてね」とはっきりと口に出しますし、たとえ、『年上の男性との会食』というシチュエーションで、御馳走になる場合であっても、『食事を率先して取り分ける』『飲みものがなくなったら、次は何を飲むかと促すなどして気を遣う』『聞き役に回り、相手を盛り上げる相槌を打って気分を良くさせる』など、自分が飲み食いした分を気遣いや気働きで返そうとさえします。

そんな女性をホテルに誘う場合は、まずもって「自分はその女性と付き合いたい」旨をきちんと伝え、その上で「自分とのセックスの相性を測ってもらう」つもりでセックスに臨みましょう。女性が積極的にしてくれるからといって、『自分は受け身でいいのかな』とあまり動かないままだと、「つまんない男」と思われてしまうので、同じだけ返すのが、このタイプと付き合うコツです。

八方美人

『八方美人の女』というのは実によくモテます。
あなたの好きな彼女が『八方美人』であるならば、落とせる確率はぐっと下がる。それくらい、八方美人は口説かれ慣れていますし、狙っている男たちも周りにうようよといます。

「けど、あのコの、俺に対する態度は他の人のとは明らかに違うし、好きでもない男に、あんなふうに気易く接したりはしないと思うんだけど……」というあなたは、すでにその八方美人の彼女にやられてしまっています。試しに、周りの男性に彼女について聞いてみてください。「彼女から誘われて、ご飯を食べに行ったことがある」「しょっちゅう、メールでやりとりしてる」という返事が返ってくるはずです。

さて、八方美人の彼女を落とすにはどうしたらいいのか。
まず、彼女の好きなところを、順番に10書き出してください。その10の項目の中に

『彼女ならでは』『彼女でしかありえない特徴』はいくつありましたか？

『可愛い』『明るい』『一緒にいて楽しい』『オッパイが大きい』『話が合う』、こんな特徴しか出ないうちはまだまだダメです。もっと具体的に考えましょう。

「そんなのわからないよ！」というあなたは、本当に彼女が好きなのでしょうか？

「自分のことを好いてくれているようだから好き」なだけではないでしょうか。

しかし、彼女は八方美人なだけであり、あなたのことは、本当は好きではありません。そして、そこを勘違いして自分を好きになる男性など、好きになるはずがありません。

八方美人の彼女を振り向かせたいのならば、まず彼女の本質を見極めて、きちんと好きになること。そして、彼女のどこが好きかをきちんと伝えることから始めましょう。そうして、彼女が『あなたの好き』を理解してくれたなら、「もっと親しくなりたい」という気持ちでホテルに誘うこと。「自分をチヤホヤする他の男性と違う」ことがわかれば、真摯に向き合ってくれるはずです。

天然ぶりっこでつかめない女性

「演じているだけ」と同性の女たちからは冷ややかな視線を送られがちな天然ちゃん。もちろん、本当に天然で可愛い女性もいるにはいますが、それは男性が『天然』だと思っている女性の中でも三割いるかいないかで、残りの七割は、天然っぽく装っている、いわば『養殖モノ』であるといえるでしょう。

「なぜ女が天然を装うか」というと、その理由は明確で「男性にモテるから」。また、女のコミュニティーの中でも『天然』であれば可愛がられますし、自分がリードをしたり、決定しなくていい、という免罪符を持つので楽なのです。

では、『モテたい』と思っている女性をどうやって落とすか。これは難しい問題です。なんせ彼女は『複数の男性にいつも、チヤホヤされることが好き』なのですから。けれども、いくらチヤホヤされるのが好きであっても、それは、彼氏がいた上でのことです。したがって、もしも、天然ぶりっこ女性を落としたいのであれば、彼氏と上手くいっていないタイミングで、その地位に滑りこむことが必要です。

地位に滑りこむ方法のひとつとして、彼女の『一番側にいる男友達』でいることが大切です。彼氏と喧嘩をした時に一番に相談を受ける立場でいれば、チャンスを逃すこともありません。

この『一番側にいる男友達』でいる方法は『養殖モノ』ではなく、本物の『天然』にも使えます。

普通の、少し頭の回る女性であれば、男性があまりに優しくしてくれた場合「この人は、わたしに気があるのかしら?」と気が付くものですし、「あまりに優しく返して、自分を諦められなくては可哀想だから」と、あまり頼ることはしないものです。けれども、『天然』であるからこそ、「わたしのことー、好きなのかなー?」だけで思考がストップ、もしくは自分が好かれていることさえも気が付かない。

なので、意中の女性を落としたければ、まずは『一番側にいる男友達』になること。急がば回れも時には必要です。

またこのタイプをホテルに誘う上で、一番いけないのは、「終電がなくなったから」といって誘うこと。「友達としてじゃなく、実は女として見ている」ことをきちんと伝えてからでないと、例え、ホテルに入ることはできても「そういうつもりじゃなかった」とするりと逃げられてしまいます。

恋愛経験豊富で、男性を見極めているタイプ

恋愛経験が豊富、というのは、『惚れやすいタイプ』、もしくは男性と交際することを、それほどたいしたことだと考えておらず『付き合ってから、好きになるかどうか考えてみるタイプ』だということです。

前者の場合は、瞬発力でもって「いいな」と思った人とはわりと容易に関係を持ったり付き合ったりし、後者の場合は「石橋を叩いても仕方がない、まずは関係を始める」……というタイプの恋愛をしてきたわけですが、こういう『人好き』なタイプは、基本的に人懐こくもあるので、八方美人の要素もあって、けっこうモテます。

モテる上に、すぐに一歩踏み込んだ関係へと進むので、その結果として、男性を見

る目が肥えて、「ああ、この人はこのパターンだな」と自分の中で系統立てができてしまっているというわけです。

しかし、系統立てができているからといって、決して恋愛がしにくくなるわけではなく、むしろ、その人がいい恋愛をしてきて『男に幻滅していない』『男をバカにしていない』ならば、『こういうタイプの人にこういったら怒るから止めておこう』『こういう人はこうされると嬉しいはず』という経験を活かしてくれて、とても付き合いやすい関係を持つことができます。

もしも、あなたが好きになった女性が、このタイプであった場合、まずは、彼女がどんな恋愛を経験してきたかを軽く尋ねてみましょう。そして、嫌がらない範囲で実際に「どんな男のどこがよかったか」「どんな男のどこが悪かったか」を聞き出します。それに倣い、よかったところは真似をし、悪かったところは同じことをしないように気を付ける、ということをすれば、彼女から好感を持たれることは簡単でしょう。

しかし、「恋愛なんて面倒」パターンに陥っている、もしくは、ひとつ前の恋愛で酷い目に遭い、『恋愛なんて懲りた』『男なんてどうでもいい』となっていると少し口説くのは難しい。「こういう男は、どうせ、こういうパターンでしょ」と自らのフィールドワークから勝手に答えを導き出して、チャンスすら与えてもらえない、ということになるからです。

そういう場合でも、とにかく彼女に寄り添い、彼女が『男を見直す』ような態度をひたすらにくりかえすこと。もともと恋の多いタイプなのですから「この人は、今までの（わたしを傷つけた）人と違うかも」と思わせることができれば、またすぐさま恋愛モードに戻ってくれるはずです。

恋愛モードにさえ戻ってくれれば、あとはその先に進むだけ……ですが、男性経験が豊富なことに、あなたのほうが物怖じしてしまうかもしれませんね。

でも、そこは気にしなくて大丈夫です。

多くの女にとって、セックスはリトマス試験紙ではありません。たとえ、凄いテクニックや、驚くほどの立派なペニスを持っていなくても、優しく、丁重に扱ってくれさえすれば、気持ちよくなれるもの。しかも、ある程度男性を知っているのならば、『セックスに多大なる期待』など持っているはずはありません。

元気で明るい、妹系、友達が多いタイプ

普通の社会人は、『限られた時間をどう使うか』に頭を捻《ひね》るものです。掃除や洗濯などの生活を維持するためにしなくてはならない家事に加え、映画も観たいし、本も読みたい。友達と会いたいし、習い事があれば、そこにも時間が取られる。

仕事が終わってからの数時間、週に数日しかない休日をどう過ごすか、というのは重要な問題であり、自然とその人の優先事項がはっきりとする場面でもあります。

当然、友達ともそう頻繁に会えるわけではなく、場合によっては断らなくてはならないことも。けれど反対に、誘いを連続で断られたら、「遊ぶ気ないのかな……」とだんだんと誘いにくくなってしまいますよね。だから、友達が多い女は、『あまり誘いを断らないタイプ』ということです。

わいわいと華やかなことが好きな反面、『ひとりで家にいるのが苦手』な寂しがり

であることも。

そんな女と『友達以上』になるには、とにかくこまめに連絡をすること。そうして、彼女の友達とも仲良くなり、ふたりきりでなくてもいいので、会う機会をできるだけ増やすこと。彼女の友達を味方につけて応援してもらうのもいいでしょう。

親しい友達になり、家なども気軽に行き来する関係になればしめたもの。『あなたがいること』が当たり前になった時に告白をするのがいいと思います。家にすでに出入りしている状態ならば、ホテルに誘わずとも、流れでセックスへと運べる可能性もありますが、しかし、改めてラブホテルへのラブホデートを提案すると、その新鮮さに喜ばれるかもしれません。

もしも断られたら

ディープキスまではできた、けれど、ホテルや家に来るのは断られてしまった。
その場合、幾つかの理由が考えられます。

【1】本当に翌日の朝から用事がある、門限が決まっている、生理中である、などの『セックス自体はやぶさかではない』場合。

【2】まだ会って間もないからセックスするのは早い、セックスは「付き合う」という保証がないとしないと考えている『おあずけ』。

【3】キスをしてみて、あなたのことがそれほど好きではないことを確認した。もしくは、「デートとキスくらいはできるけど、それ以上はしたくない」と思っている『セックスはしたくない』。

【1】の場合はタイミングの問題です。正直な女性の場合は「あなたといたいけど、これこれこういう理由があって、今日は無理」だということを告げてくれるでしょう。

【2】の場合は、前者の場合はもう少しデートを続けて様子を見る、後者だと告白をして『付き合う（＝身体が目当てではないことを言葉と行動で示す）』ことが必要です。

しかし、【3】の場合は、何度誘ってもムダなことです（熱心なアプローチに『ほだされる』ということもないではありませんが、確率はものすごく低い。ほとんどが時間のムダです。縁がなかった、悪い女に引っかかったと思って次にいきましょう）。

ただし【3】でも、相手を傷つけないためや、保身のために【1】や【2】のような理由をつけることも。【1】はタイミング悪くダメなだけであって、次回のデートならOKになることが多いし、【2】は欲求が満たされれば、セックスまで到達できます。

【1】【2】と【3】を見分ける方法としては『次のデートの場所を、あなたの家にする』『割り勘を申し出る（※いくらかでも払ってもらうように言う）』があります。

セックス勘違い

女は少女漫画のセックスで育ってきた

まず最初に知っていただきたいのは、女はアダルトビデオではなく、少女漫画のセックスで育ってきたということです。

少女漫画のセックスといえば、キスからの、シーツがくしゃっとなって、手をぎゅっと繋ぎ合う描写。最近のいわゆるティーンズラブは、もう少し過激にクンニもシックスナインもアナルセックスも3Pも、それに少しだけフェラチオもありますが、顔射はないし、イラマチオもないし、パイズリもない。ようするに、『女性が気持ちいい』プレイが主体であり、男性はひたすらに奉仕するもの。

もちろん、実際のセックスと、漫画の中のそれが違うことはわかっています。けれども、男性がアダルトビデオで行われている行為を女性に求める程度には、女性も漫画のようなセックスに期待をしている。だから、少しだけ優しくロマンチックに女を抱けば、「あの人のセックスってすごくいいの」と言われるようになります。女性の「セックスが上手い」は、テクニックだけではないのです。

「じゃあ、痴女が好きな俺はどうするんだ。少女漫画に痴女なんていないだろ!?」と思うかもしれませんが、ご安心ください。何度もいうようですが、漫画通りのセックスなんてないということは、女は十分にわかっています。

そもそも、自分の身体だって、ティーンズラブのヒロインとは違う。

空気を入れられれば、恥ずかしい音が出てしまうし、そんなに敏感に何度もイったりはできない。それに、セックスを重ねていくうちに、『自分の性癖』みたいなものもわかってきて、その中にはもちろん「積極的に、男性をイカせるのが好き」「騎乗位で男性を焦らすと興奮する」といった、S的、痴女的な性癖があることを知ることだって、よくある話です。

また、女だって「好きな男性を気持ちよくしたい」という気持ちがありますので、慣れてくれば「痴女っぽく責めて欲しい」とリクエストするのもありです。けれども、「気持ちよくなって欲しい」「気持ちよくしてあげたい」と思うのは、あくまでも、それが『好きな相手』だからです。

男と女『やりたい』の違い

とある映画を観ていた時に、登場人物のひとりである男性のセリフに「俺はどんな女だろうとやりたい、嫌いな女とだってやりたいどころか、むしろ、ヒーヒー言わせてやりたい」というようなものがありました。

女からしてみると、どんな男とでもやりたいとは思いませんし、嫌いな男というのはやりたいどころか、触れるのも嫌。決して『ヒーヒー言わせてやりたい対象』にはなりえません。女性が『ヒーヒー言わせてやりたい』のは、やはり好意を持っている男性で、女性側から積極的に責めることで、その男性から可愛らしい立ち振る舞いを引きだして『キュンと萌える』ためです。

というわけで、ちょっと乱暴にいってしまうと、『やれるものなら、大概の女とやりたい』のが男だとすると、女は『すべての男とやれると言われても、やりたい男とだけ、やりたい』ということでしょうか。

もちろん、女にだって性欲はありますが、その形は男性とは少し違います。『性器を舐められたり、舐めたりする／おちんちんをおまんこに入れて気持ち良くなる肉体的な興奮』『嫌らしい言葉や体勢でおぼえる精神的な興奮』に加え、『優しくされたい／強く求められたいという精神的満足』が、非常に大きなウエイトを占めています。

ラブホテル選び

どうせ数時間しか過ごさないのだから、できれば安く済ませたいのが男性の本音かもしれませんが、女にとっては、男性が選ぶラブホテル＝「自分がどれくらい丁重に扱われているか」を判断する重要なポイントです。なので、最初のセックスに、あまり古くて汚い雰囲気のラブホテルを選ぶのは止めておきましょう。

よく「最初からあまりいいところを見せても、仕方がない」という男性がいますが、女からしてみると「最初くらいちゃんとして欲しい」もの。シティホテルを予約しろ、とまでは言いませんし、そのラブホテル街で一番……でなくてもいいですが、せめて中の上くらいのレベルのラブホテルを選ぶのがベストです。

シャワーを浴びるか浴びないか

衛生観念は人それぞれですし、匂いというものは本来はセクシーなもの。官能作家で、わたしの習っている居合の師範でもある睦月影郎先生などは「セックスの前にシャワーなど言語道断。鰻を洗って食うバカがいるか」などとおっしゃられています。しかし、ほとんどの女性にとって、やはり匂いは気になるもの。特に初めてのセックスの時は、毛やゴミなどの最終チェックをするためにも、浴室でひとりになりたいというのが本音です。

部屋に入ってすぐ、「我慢できない」と押し倒す……というのも情熱的で嬉しいですが、キスとバストに触れるくらいにとどめ、それ以上はシャワーを浴びてからにしていただきたい。

どれくらい女性が匂いを気にしているかというと、性に奔放なとある友人は、いつもウエットティッシュを持ち歩いているそう。そして、男性の家などで「ひょっとして……」と予感を覚えると、事前にトイレでアソコを拭くとのこと。

それくらい、女性は『洗っていないアソコ』の匂いを嗅がれたり舐められたりするのは恥ずかしいものなのです。

「いいよ、そんなの気にしないから」という男性もいますが、そういう方って自分も入らなかったりしますよね。

「(お風呂に入っていなくて)恥ずかしいからクンニは嫌」と拒むのは女性側の勝手な都合ですが、それでいて「舐めてくれない？」と洗ってないおちんちんを差し出してくると、なんだか損した気分……というとアレですが、無神経な人だな、と思ってしまうし、洗っていないおちんちんが、臭くないことは絶対にないので嫌なんです。

付き合いも長くなってくれば、その男性の匂いさえも愛おしい、と思うようになるものですが、付き合い始めの頃は無理です。もちろん、「人間なんて、少し匂って当たり前」と匂いを気にしない女もいますが、気にする女がいる以上、ともにシャワーを浴びたほうがいいでしょう。「鰻を洗って食うなんて……」というフェチをお持ちの場合も、少なくとも自分だけは浴びてくださいね。

グレーのパンツは鬼門!?

いきなりのホテルの誘いに、女が「今日は無理……」となる理由のひとつに下着が『普段仕様』というものがあります。しかし、逆に男性で、「今日はしょぼいパンツを穿いてるから、ホテルは無理」ということはないのでしょうか。

しかし、意外と男性の下着だって女性は見ているものです。

ウエストのゴムがでろんでろんに伸びていたり、色が褪せまくっていたり、別にそれで嫌いになるわけではないですが、せっかく盛りあがった気分がしゅうっとしぼみ、なんだか現実に引き戻されたような気分になるのは確かです。

百円均一で売っていそうな、ペラペラのチェックのトランクスも、「もしかして、今だにお母さんに買ってもらってる？」と思ってしまう童貞臭さが漂います。

もっともそういう『ちょっとダメなボンクラ男子』というのも、女に人気がないではないですが、それは狙ってできるものではありません。むしろ狙いやすいのは『セクシー』。


しかし、『セクシー』といっても、女と同じで、過剰すぎては滑稽になってしまいます。

モノのカタチがくっきりとわかるブリーフは、確かに引き締まった筋肉とセットならばかっこいいですが、貧弱だったり、ぷよっと弛んだ身体に身に着けると、情けない雰囲気に。なので、一番無難な男性用下着といえば、ボクサーパンツでしょうか。

ただし、グレーの場合、ぽつんと前染みが目立ちやすいもの。

まぁ、それほど気にはしませんし、「そういうところが可愛い」と思う女も多くいますが、「どういうパンツを穿いていけばいいのだろうか」とあなたが迷っているとしたら、紺色や黒のボクサーパンツを穿いておけば、間違いはないと思います。

これに女は弱い

壁に女を押し付けて、強引にするキスのことを『壁ドンキス』と言います。ティーンズラブや女性向けポルノ小説の中では定番のムーブであり、「壁ドンされると、きゅんっとする」という女性の声は多く聞きます。

なぜ『壁ドン』にきゅんとくるかというと、逃げ場のない壁際に追いつめられるドキドキと、熱烈に『求められている』という歓び。ちょっぴりMっ気のある女性や、俺様系男子が大好きな女には、テキメンに効く行為です。

そこで、ホテルに入ったらすぐに、玄関でくるりと身体の向きを変えて、彼女をドアに押し付けるようにしてキスをしてみてください。きっと驚くとともに、あなたの情熱に感激してくれることと思います。

また、セックスの前後に髪、頭を撫でるのもオススメです。男性の多くがマザコンであるように、女性の多くもファザコンの気質を持っています。具体的に父親がどうこう、というわけではなく、『父親が小さい娘にするかのように、慈しまれて優しく扱われたい』という願望を抱いている場合が非常に多い。その代表的な振る舞いのひとつが『頭を撫でる』です。

抱きしめられたり、キスをされながら、さらに頭を撫でられると、自分の存在をまるごと愛されているようで、うっとりしてしまう。胸や脚、お尻などと違い、男性の欲情対象となるパーツではないためか、あまり意識のいかない箇所ですが、彼女を喜ばせる効果は絶大ですので、ぜひ試してみてくださいね。

包茎は恥ずかしくない

今まで出会った男性を見る限り、日本人男性のほぼ8割か9割は仮性包茎です。ということは、仮性包茎が多数派である、ということなのに、なぜか男性って非常に剥けていないことを気にしていますよね。

けれども、実際のところ、セックスをする時に困るカントン包茎や、中に恥垢が溜まって不潔なイメージのある真正包茎であるならともかく、仮性包茎に関しては、女性はほとんど気にしていません。

漫画などで「この包茎野郎！」と女性が男性を罵るシーンを見たことがありますが、

おそらくそういうことを書くのは男性漫画家ではないかと疑っていますし、セックス前にこっそりと見栄剥きをしているのに気が付いてしまうと、「そんなことしなくてもいいのに……」と可愛らしく思う。

それくらい女性にとっては『仮性包茎は、どうでもいいこと』なのです。


逆に『嫌なおちんちん』をあげるならば、女性の多くは『大きすぎるおちんちん』と答えます。もちろん、大きい小さいは生まれ持ったものなので、仕方ない。けれども、『小さいおちんちん』『剥けていないおちんちん』の持ち主に比べ、『大きすぎるおちんちん』の持ち主はなぜか、態度がでかい。セックスにしても、前戯をおざなりにして、『おちんちんでヒーヒー言わせる』ことを好むことが多い。

よほど性的に成熟した女性ならば、即挿入してもそれなりに快感を得ることができますが、多くの女性の快感のメカニズムは、右上がりの波線状。『挿入でもイケる』女性であっても、『前戯でイった後ならば』という条件が付く場合もあります。

また、『セックス＝メイクラブ（愛情の確認行為）』だと思っている女性にとっては、前戯は性的快感を深めるだけではなく、『相手の思いやりや愛の深さを測る行為』でもあります。焦る気持ちはわかりますが、いくら自慢の巨根を持っているからといって、『ぺっぺと唾を塗って挿入する』ようなセックスは嫌われますので、ご注意ください。

ED、中折れが心配

いざという時に勃《た》たなかったり、途中で萎えてしまったりの勃起障害に悩んでいる男性も少なくはありませんよね。

これらが、女にとって「ちょっと気まずい」のは確かですし、そんな気まずい雰囲気を誤魔化すためか、再び前戯に戻って、女性の身体を再びいじり始める男性も多いですね。

「おちんちんで満足させてあげられないから、代わりに手や口で……」という気遣いは嬉しいものですが、あまりにしつこいのも考えもの。

「ちょっと疲れてきちゃった……」という女性の気持ちに気が付かず「再び勃つま

で」とムキになって触り続けるよりも、気分を変えて一緒にお風呂に入る、などの気分転換を図るのはいかがでしょうか。

前戯で一度か二度ほど、きちんとイカせてあげさえすれば、『どうしても挿入』にこだわることはありません。

もちろん、あなたの『イキたい』『中に入れたい』という気持ちはわかりますし、『勃たない男』と思われるのはプライドが許さないのも理解できます。

が、あまりにも必死に『勃起させようと頑張る姿』は逆に、「わたしが悪いのかしら……」という女性の罪悪感を刺激することも。

「途中で萎える男と、もう二度と会うものか！」とまで『挿入』にガッツく女はあまりいないので、「緊張しちゃって……」と素直に言ってくれさえすれば、ＯＫです。

なるべく、前戯でイカせることを心掛けて！

女にとって『挿入前の前戯』は、とても大切です。『ペニスを刺激すればイクことのできる』男性と違い、女性の多くは『ペニスを膣に出し入れされる』だけでは、絶頂に達することはなかなか難しいからです。

そもそも、女性には大きく三つの『イク』があると言われています。

ひとつは、クリトリスで達する『クリイキ』、もうひとつはGスポットの刺激でいく『中イキ』、そして最後がポルチオと呼ばれる子宮口で絶頂する『奥イキ』です。しかし、すべての女性が、そのどれもでイケるわけではありません。

一番、イキやすいのは『クリイキ』です。

外に出ている分、目で見ることができるので愛撫しやすく、指先や舌唇、鼻先などで刺激すると、ビクンッと痙攣するようにエクスタシーに達します。

男性器と同じく、イったばかりは、敏感になっていて触られるとこそばゆくなる女性も多いので、クリトリスで絶頂に達したのがわかったら、しばらく触り続けてみて、腰が逃げてしまうようなら、膣への愛撫に切り替えるといいでしょう。

『Gスポット』自体は、クリトリスのように、触られて「すごく気持ちいい！」とすぐに感じられるものではありません。もどかしくきゅうっと絞れるような快感が膣内でほのかに湧きあがるような感覚です。

この『ほのかに』というのがポイントで、Gスポットの刺激は、女性が意識を集中して、掘り起こさないと感じることができません。なので、いきなり指を突っ込んで、Gスポットを指先で押したところで、感じるのは違和感のみ。では、どうやってGスポットの性感を揺り起こすかというと、乳首やクリトリスという快感の強い部分と合わせて刺激するのがいいでしょう。

『Gスポット』でイった時の感覚は、膣全体がどくどくっと大きく脈打ち、そして弛緩するような感触です。漏らしたような感じにも近いです。

また、Gスポットを刺激することで、『潮吹き』することもあります。が、潮吹き自体が気持ちいいこともないので、無理してそこを目指さずともいいと思います。

最後が『ポルチオ』です。

ポルチオ性感は「一番絶頂感が深い」究極のエクスタシーとも言われています。が、性感の開発が必要で、誰もがすぐに達することのできるものではありません。

『ポルチオ』でイった時の感覚はまさに、頭の中が真っ白になるような感じです。勝手に腰が突きあがり、びくんびくんと全身が痙攣を起こします。

ポルチオ性感を目指すならば、正常位で女性の腰をぐっと持ち上げて、子宮に突き刺すようにペニスで突きます。

「ちんちんが、あまり長くないから難しい……」と諦めずとも、女性の子宮は快感を感じると下がってくるそうなので、事前にたっぷりと愛撫して気持ちよくしておくのが、ポルチオ性感への近道です。

しかし、冒頭で述べたように、どの性感を持っていて、持っていないかは人によって違います。「クリトリスはくすぐったくて、触れられるのもつらい」という女性もいれば、「あまり濡れないから、入れているとすぐに痛くなっちゃう」というふうに、人によって性感は様々。セックスはコミュニケーションであることを肝に銘じて、互いに満足できるセックスを目指したいものです。

言葉責め

女性向けのＴＬコミックや官能小説に出てくる多くの男は、セックスの最中にヒロインに言葉責めをします。

「いっぱい溢れてくる」「こんなに濡らして、本当にエッチなコだね」「中に出したい」「この身体は、全部俺のものだ」「悪い子ですね、調教してあげます」「おしおきされなさい」「ほら、もっと声を出して、イキなさい」「気持ちいいんだろ？　気持ちがいいって言ってみろ」ｅｔｃ……。

恥ずかしくなるような言葉のオンパレードですが、女は、こういった言葉責めを求める一方で、意に沿わないと「気持ちが悪い……」と萎えるのですから、勝手なものです。

では『女がして欲しい言葉責め』とはどういうものでしょうか。

ひとつには男性が、自分のことを熱烈に欲していることがわかるもの。先に出した例によると「中に出したい」「この身体は、全部俺のものだ」がそれにあたります。セックスがメイクラブであるからこそ、出てくる言葉だと思っていただければ、わかりやすいと思います。

もうひとつは、「いっぱい溢れてくる」「こんなに濡らして、本当にエッチなコだね」など、男性によって、自分の身体がいやらしい反応をしていることを知らしめられるもの。その真意は『自分はそんなつもりはないのに、わたしのことが好きなあなたが、一生懸命に愛撫するからそうなってしまったの』という、あくまでも受け身の快感であり、ここにあるのも『愛される歓び』です。

そして最後が上から目線系。「悪い子ですね、調教してあげます」「おしおきされなさい」など『これからスケべなことをする』ということを宣言、もしくは「ほら、もっと声を出して、イキなさい」「気持ちいいんだろ？　気持ちがいいって言ってみろ」といった命令形があります。ここまでくると、多少芝居がかっていますが、しかし、

Mっけのある女性は『調教』や『おしおき』という言葉に弱いのも確かです。

さて、では、逆に『女性が嫌がる言葉責め』というのはどういうものでしょうか。わたしの経験でいうと、いくら『責め』であろうと、自分を否定、もしくは罵倒することを言われるのは腹立たしく思ったことがあります。

「スケベな女だな」はいいのですが「このヤリマン」はむかっと来ますし、「乳首がこんなに勃ってる」はよくても「まんこが黒い（緩い）」は問題外です（しかし、「包茎の小さいおちんちんで恥ずかしいね」というと興奮する男性もいますから、ひょっとして世の中には「まんこが黒い」と言われて恥ずかしがりながらも興奮する女性もいるかもしれません。けれど、そうではない人のほうが絶対に多いと思うので、やはり止めたほうがいいですね）。

あと、まったくそうではないことを言われると、すーっと醒めてしまいます。

あんまり濡れていないことは明らかなのに「びしょびしょに濡らして」だとか、イっていないのに「何回もイキまくって、スケベな女だな」とかそういう男性のイリュージョンをぶつけられると、なんだか行き場のない思いに……。

また、わざと恥ずかしいことを言わせたがる男性も多いですが、『おまんこ』をどうしても口に出せない女性は多く、「恥ずかしいだけで、全然興奮しない」という声もよく聞きます。また、「何が欲しいのか、言ってみて」というのも、あまり評判はよくありません。なぜならば、『自分が欲しくておちんちんを入れた』のではなく『男性に欲されたので、入れるのを許してあげた』と思いたいから。

どうしても彼女に「おちんちんが欲しい」と言わせたい場合は、「何が欲しいの？」と言葉で尋ねるよりも、焦らしに焦らして我慢できずに自発的に言わせるように仕組みたいものです。

セックスの後

ティッシュはどうするのか問題

セックスが終わった後、最初に起き上がるのは男性だと思います。身体を離し、コンドームをペニスから抜き取り、そしてティッシュで拭いますよね。では、その後ってどうしていますか？

・放置
・ティッシュを手渡してくれる
・ティッシュで拭いてくれる

わたしが今まで経験したパターンとしては、

さらにその後の行為はというと……。

・腕枕や添い寝するなどして、ピロートーク

・手マンするなど、後戯する（からの二回戦突入）
・シャワーへ行く

さて、この中で、一番嫌だな、と思うのは、放置からのシャワーでしょうか。「ヤったら用がない」と言われているようで、少し寂しく思います。まぁ、本当に用がないのかもしれませんが……。

ティッシュは、拭いてくれるのならばいいですが、手渡されると、少し困ります。男性の前で自分でまんこを拭くのって、あまり上品な行為には思えず……もちろん、気にならない女性もいるかと思いますし、セックスまでしておいて、自分でまんこを拭くのが恥ずかしいとか、何を言っているのだ、と思うかもしれませんが、できれば拭いて欲しいと思います。

まったりと横たわったまま、ピロートークをするのは、基本的には嬉しいものですが、その内容は大切です。これだけ、セックスの後に「どうだった?」「気持ちよかった？」と聞かれるのを女は嫌がるということが知られているのに、未だ聞いてくる男性は多く、当然『ダメ出しをされるはずはない』と思っているその無邪気さに感心するとともに、「やっぱり男性は、自分のおちんちんを誉めてもらいたいものなんだなぁ……」と思わざるを得ません。

もちろん、ほとんどの女は、「すっごく良かったよ♡」と社交辞令で返すと思いますが、心の中では『無邪気（バカ）で可愛い』と思っている場合と『誉められたがり面倒くせぇ。母親に誉めてもらっとけ』と思っている場合のふたつです。どちらにしても『尊敬』からは遠い場所にある感情です。

初めてホテルから出たら……

女性にとって、好きな男性との初エッチの翌朝というのは、気恥ずかしくも、なんとも浮き立った気分です。

まだどちらからも告白する前ならば、「これからどうなるのかな……」という不安が入り混じっていることですし、付き合うということが決まっていたら昨日までのシングルの自分とは少し違う自分になったような気分で、『新しい何か』が始まりつつある歓びに溢れています。

が、一方で、寝不足だったり、いつものスキンケアができなかったりしている顔を明るい陽の下で見せるのは恥ずかしい思いも。また、汚れた下着を身に着けて一日過ごすのも、あまり気が進みません。前日、たっぷりとデートしたこともあって「とりあえず一旦、それぞれ家に帰ろうか」となるパターンが一番多いと思います。

しかしいくらなんでもホテルを出て、駅まで歩いてそこでバイバイでは寂しいもの。ブランチくらいはとってから解散したいというのが女心。

そんなに凝った食事でなくてもかまいません。一日の始まりにはコーヒーが飲みたい、という女性も多いので、喫茶店やカフェ（女性は焼き立てのパンが大好きです）、美味しいカレー屋や洋食屋でオムライスなどを食べたり、はたまた、ランチタイムならば比較的安価なので、お寿司などをつまむのもありではないでしょうか。

さくっとお昼を済ませて、駅で別れた後は、電車の中で一段落がついたところで、彼女にメールを。楽しかった旨と、また近日会いたいことを伝え、もしも返事が返ってきたら、さっさと日程の候補をあげて、次のデートを決めてしまうこと。

「まだセックスには早かったかしら」「何か変なことをして、嫌われちゃったかな」などといった不安を彼女が抱く前に、安心させてあげることが大切です。

一度だけセックスできた。でも、それから冷たい

セックスはできたけれど、それから態度がどことなくつれない。メールを送っても前みたいに返事が返ってこないし、デートに誘っても「忙しい」とごにょごにょと理由をつけて断られてしまう。それってへこみますよね。

「俺のセックスが下手だったのか」とか「俺のちんちんがダメだったのか」とかとにかく、『自分の技術と身体は、彼女の満足に足りえなかったのか』と考えてしまうかもしれませんが、おそらく、彼女が不満を持ったのは、あなたのクンニの技術やおちんちんのサイズではありません。

たまに『初めての相手とのセックスはなかなかイかない』という男性に遭遇しますが、女もまた同じ。初めての相手とのセックスは上手い下手関係なしにイキにくいものです。けれども、男性側からは「彼女をイカせて満足させないと、男がすたる」とばかりにぐちょぐちょとしつこく責められると、疲れてしまうし、痛くなってしまうことも。しかも、男性と違い、女性は声を出して『気持ちがいい反応』を示さなくてはならないのですから、そこでもさらに疲労します。

もしかして、最初のセックスは『ものすごい快感を得る』ものではなくてもいいのでは、と思います。ただでさえ、『初めてあなたとエッチをする』ということで、彼女の中のテンションは上がっていることですし、また、裸やアソコを見られたり、エッチな声を聞かれたりすることが恥ずかしく、ドキドキしている。それだけで十分に刺激的だと思うのです。

「なんとしてでもイカせたい」という気持ちは嬉しいですが、しかし一方ではエゴでもあります。彼女が不満を持ったのは、「わたしを気持ちよくさせようとしているよりも『俺の技術を見せつけてやる』って思ってるみたい……」という、あなたのひとりよがりの前戯かもしれません。悲しいですが、「二度目は結構」と判断されてしまったと反省し、次へと生かしましょう。

セックスできた。しかも何回も。けど付き合ってくれないのはなぜか

デートもセックスもしてくれる。

なのに、告白しようとすると敏感に察して話をそらされたり、また、実際に告白したのに「今は、彼氏とかはいらない時期」などというあやふやな理由で断られてしまう。または、彼氏がいて、別れてくれない。

最初から振ってくれさえすれば、諦めもつくものの、下手に気を持たされてしまい、引くに引けずに、どうしようもない『セフレ状態』になってしまった場合は、どうすればいいのでしょうか。

「彼女が何を考えているのかわからない……」のは、あなたが彼女にすっかり恋をしてしまっていて、自分のいい方向、いい方向へと考えてしまっているからです。

例えば彼女がくれた「好きだよ」というメールや、次のデートの約束や向こうからの遊びの誘い。「付き合っている」のとなんら変わらない態度や振る舞いに、「俺のことが好きじゃないわけがない」と思ってしまうのは仕方のないことです。

確かに彼女はあなたが好きなんだと思います。しかし、付き合うと決心するに至らない理由がある。それはもしかして、あなたが『付き合った瞬間に餌を与えなくなるタイプ』であることを見抜いているのかもしれませんし、彼女の友達とまったく馴染めないことを気にしているのかもしれません。好きなバンドを続けるためにアルバイト生活をしていて、収入が不安定なことかもしれない。とにかく悲しいかな、彼女にとって、あなたは『何かが足りない』のです。

では、その何かが足りたら、付き合えるのか、というとそれもまた別の話です。なぜならば、彼女があなたに恋をしていたら、それくらいの懸念や悪条件は乗り越えてしまう。それは恋なんです。セックスはできるけれど、付き合ってもらえない彼女は、あなたのことがそこそこには好きだけれども、恋はしていないのです。

そして恋というものは、すでに、その関係に満足いっている相手にするのは、難しい。『もっと知りたい、自分のものにしたい』と思う前に、十分に知ってしまっているし、その心は自分のものだからです。

いつまでも付き合ってくれない女に固執していても、どこにも進めません。あっさりと諦めて次へ行くこと。その瞬間、『まさか、わたしを振るなんて!!』という、あなたの新しい面に触れて、彼女が突然、あなたに恋をすることも、ない話ではないと思いますよ。

第4章

あなたは愛される男です

モテることはそう難しくありません

女の扱い方のガイドブック

いままで、『恋』と『セックス』の話をしてきましたが、ここで『愛』の話をしようと思います。

女性誌の誌面では『愛されメイク』『愛されファッション』『愛され女子』といった言葉をよく見かけますが、なぜか男性向けのモテハウツーには『愛されること』があまりフィーチャーされることはありません。なぜでしょうか。

けれども、「自分に自信がない」「モテないのは男らしさを持っていないからだと思う」「女の人にかっこいいと思われる気がしない」という男性こそ、『愛されること』を目指したほうがいいと思うんです。

ひとりの男性と長く付き合っている女性や、上手くいっている夫婦の奥さんに「相手のどこが好きなの？」と聞くと「可愛いところ」という返事が返ってくることが少なくありません。『母性愛』というと大げさですが、女は可愛いものを慈しむのが好きです。そしてその『可愛いもの』が、多少の粗雑や粗忽であっても、それもまた『可愛い』と許せてしまうもの。不器用で至らないところだって、逆に『愛おしい』と思えたりもする。

そう、女性から愛されるために、一番大切なのは『可愛い』と思われる存在であることです。

『かっこよくなる』のは難しい。けれど、『可愛い』と思われるのは、『かっこいい』よりも簡単です。『自分に自信たっぷりのオラオラ』よりも、自分に自信がないくらいのほうが可愛く見えますし、可愛くいるのと、男らしさは無関係です。

そこで、この第4章では、あなたのコンプレックスを長所へと変えて、『あなたが愛されるための方法』を伝授いたします。

あなたのコンプレックスを魅力と感じる女

服装や髪形を変える気はない。だって、これが好きなんだ

服装というのは、『何が好きか』『どういう主義を持っているか』『どこに属しているか』を人へとアピールする手段のひとつです。

例えば、ぱっと見でブランド物で全身固めているのを見れば「この人は、服にお金をかける人なんだ」とわかりますし、そこから発展して「余裕があって、しっかりした立場にいる人なんだな」「この人に会う時は、わたしもあんまり安っぽい格好ではなく、ちゃんとした格好をしないといけない」「ブランドに頼り切るってちょっとセンスが悪い気がする」「お金遣いが荒そう」と様々な想像を膨らませます。

もしも海外のヘビーメタルのバンドのTシャツを着ていれば、「よくわからないけど、ちょっと怖い気がする」「わたしも、そういうバンドが好き。付き合ったら一緒

にライブに行ったりできるのかしら」「そのバンドが好きなのはよくわかるけど、素敵な雰囲気のお店でご飯を食べるのには、デザインがちょっと……」。

反対に、ビームスやUNITED ARROWSなどのオーソドックスなチノパンに白いシャツなどを好む場合は「どこに連れていっても恥ずかしくはない、すごく無難な人」「真面目そうで好感が持てる」「普通すぎて、ちょっとつまらない人に見える」といった感じです。

このように外見から入ってくる情報、というのは、第一印象を決める上で一番大切です。なので、ダサい、と言われないために無難な服を着る、というのは、ベストな方法のひとつではありますが、一方で、『印象に残りにくい』というデメリットもあります。

以前、婚活パーティーに参加した時のことです。

潜入取材ということで、わたしはできるだけ『普通のＯＬさん』に見えるような綺麗目のワンピースにカーディガンを羽織り、化粧は薄めで、あまり派手にならないような格好で参加しました。

一方で、同行したイラストレーターの某氏は、スキンヘッドにニットキャップ、鎖骨の見えるTシャツに、『お兄系』と呼ばれる加工デニムで参加したのです。

男性の7割はスーツ姿で、残りもほとんどがシャツやポロシャツにチノパンといった格好の中で、明らかに浮いて悪目立ちしています。

これがただの出会い系パーティーならまだしも、結婚相談所主催のガチンコなパーティー。「あれじゃ、カップリングで選んでくれる女の人、いないんじゃないかなぁ」と思いながらも、パーティー終了。そして、三組のカップルが成立したうちのひとりは、その男性イラストレーター氏だったのです。


これには驚いたものの、確かに、そのパーティーに参加している男性は、あまり個性という個性を持った方はおらず、「もっと話してみたいな」と興味を抱く方にも、巡り合うことはできませんでした。

一方で、わたしも普通のOL風のコスプレで、素性を隠すために無個性で無難を演じていたがため、自分らしい会話もできず、ただ男性の話に相槌を打つだけで、「もっと話してみたい」と思うような振る舞いができていなかったと思います。

そんな『嫌われないがための中庸』を狙っている男女の中で、辺りとは明らかに異色であっても、個性を隠すことなく、自分ならではの魅力を全開に出していったイラストレーター氏が女性とカップルになれたのも、わからないではありません。たとえ、十人中九人の女性には選ばれずとも、その個性に惹かれる、ひとりの女性がいればいいのですから。

もしもあなたが自分を『愛してくれる人』を捜すのならば、自分の個性を隠すのではなく、どんどん押し出していくこと。

『何が好きか』『どういう主義を持っているか』『どこに属しているか』をはっきりさせること。そうしなければ、『あなたを好きになる可能性のある女』にあなたの存在すら気が付いてもらえないかもしれません。

オタクなんです。これを止めてまで彼女なんて欲しくない……けど欲しい！

モテない男性の代表のように言われている『オタク男性』ですが、最近では、それほどまで女性に忌避されることはなくなってきたと思います。

それは、オタクカルチャーが広まり一般化したことで、『女性のオタク』が増えたことや、『オタク』がある意味で薄まり、ヴィレッジヴァンガードを代表とする『オシャレなサブカルチャー』と一部結合したことなどが原因かと思います。

むしろ、カルチャーに興味のある女性などは、無趣味で会社の愚痴と友達の噂話くらいしかない男性よりは、なにがしかの知識を持った男性を尊敬するものですし、まだあまり知らないけれども、自分の興味のあることを教えてもらうことは楽しいことです。

わたし自身も、どちらかといえば、なにかしらの『オタク』的な趣味を持った男性のほうが好きです。面白い漫画を貸してもらったり、アニメや映画の蘊蓄《うんちく》を教えてもらったり、はたまた、アイドルのライブやプロレスの興行に連れていってもらったりと、新しい物や世界を紹介してくれることはとても嬉しいです。
また、逆に、「あの人いいな」と思うと、その人の『〇〇オタク』っぽいところを利用して「〇〇に興味がある、見てみたい」などとさりげなく誘いをかけてみたりもします。

しかしもちろん、まだまだ『濃ゆい人たち』も存在するかと思います。
その『濃ゆい人たち』が「そのままの俺で恋愛がしたい」となると、それを受け止めてくれる女性を探さなくてはいけませんし、自然とパイは狭くなるのは仕方のないことです。

オタクの『濃ゆい人たち』の多くがなぜモテないか、というと、『オタクであること』がアイデンティティーになってしまっているからです。そして、『オタク』である自分を卑下しながらも『オタク』ほどの知識を持っていない普通の人をバカにしている。しかし、その一方では、普通に恋愛ができている普通の人のことを羨望してもいる。

が、それを認めることは、プライドに関わってくるので、「自分は『非モテ』だ」とカテゴリつけ、世の中にそういうカテゴリがあり、仲間がいることに安心を覚えているのです。ようは『オタク』であるあなたがモテないのは『オタク』だからではなく、『オタクであることを、モテない免罪符にしている』からです。


「そんなことは知ってる。じゃあ、どうすればいいんだよ」

というあなたには『擬態《ぎたい》すること』をオススメします。

『どうしても譲れない中身』はそのままで、『外見』だけは、一般的なものを目指しましょう。出掛ける前には風呂に入り、ちゃんとデニムやチノパンを穿き、格安の量販店ではなく、せめて、海外のファストブランドや、できれば、ファッション誌に載っているようなカジュアルブランドのシャツを着ましょう。

ストールやアクセサリーなどの無駄なプラスワンアイテムはいりません。例え、あなたがかっこいいと思っていても、女性のセンスからはそうは見えません。あなたが女性のデコレーションされた爪を見て「あれって何なの？　おかしくない？」と疑問に思うのと同じです。

そうして、見た目だけは一般的に『擬態』をすることができたら、あとは簡単です。モテるために女性に媚びる必要はありません。『嫌われない振る舞い』にだけ気を付けて、自分だけが持っている魅力をアピールしてください。

あなたがもっている内面の『オタク』は、外見を『擬態』するくらいでは失われません。けれど、外見を『擬態』した瞬間に『オタク』は『博識』の色を帯びます。『博識』に惹かれる女はたくさんいます。

そこがあなたのモテるためのストライクゾーンです。

さて、最後に何が言いたかったかというと、内面と外見について、どちらかが譲れないのならば、もう片方が譲ってみてはいかがでしょうか、ということです。

これは内面と外見だけに限った話ではなく、すべてに関して言えることです。

一度こだわりを投げ出すと、気分までもが軽くなるものです。

「なんであんなにこだわっていたんだろう……」

と不思議に思うことすら、あるかもしれません。柔軟さとしなやかさを持って、人生を渡っていきましょう。

太っているし、痩せられる気がしない

最近、ふくよかな女のコが、ぽっちゃり女子、ぷに子などと呼ばれ、一部で人気だそうです。

「触りごこちがいい」「ほっとする」「優しそうに見える」といった理由に加え、「ぽっちゃりのコはだいたい巨乳だから」という本音も隠されているようですが、もちろん、女性にも「太った男の人が好き」というデブ専が存在します。

かくなるわたしもそのひとりで、今まで付き合った人の最高体重は130キロの巨漢でした。最初は「告白されたから、付き合ってみたけど、やっぱりちょっとなぁ……」と思っていたのですが、何回かデートを重ねるうちに、大好きになりました。

それはなぜか、というと、とにかく優しいんです。

おそらく、一般的に自分があまりモテるタイプではない、ということを知っている

せいか何をするのでも、気を使ってくれ、「俺と付き合ってくれてありがとう！」と感謝までしてくれる。その彼と付き合ったおかげで、それ以降、付き合う男性の腹が出ていようが、まるで気にならなくなりました。

もちろん、太りすぎは、あまり健康に良くないですし、ジャンクなものばかり食べているのならば、食生活を改めたほうがいいと思います。しかし、「俺はデブだから、もう彼女は諦めた……」というのはまだ早い。確実にニーズがあるのだから、そこを引き当てるためにも、積極的に外に出るべし。

さて、あなたの太めの体型は『愛され系』を目指すのにぴったりです。まるっこいものの愛らしさを強調して、「お腹が可愛い」「丸い顔が可愛い」「ふくふくした指が可愛い」と言われるように目指しましょう。服装なども、あまりとんがった格好や黒ずくめなどはやめて、明るい色味の服を身に着けるのがいいですね。ただし、グレーは汗染みが目立つので注意が必要です。

太っている人がことさら注意をしなくてはいけないのは、清潔感です。汗っかきの人は、タオルを持ち歩いてこまめに汗をぬぐうこと。「デブっぽくって恥ずかしい」と思うかもしれませんが、デブ専の女はその姿に萌えますので、大丈夫です。

そして一番大切なのは、いつもニコニコしていること。かっこつけた表情をしても、太っている時点で無駄ですし、むしろ「威圧感があって怖い、近寄りがたい」と思われてしまう可能性も。女に「可愛い」と思ってもらえれば、その後の付き合いも、ほどよく肩の力の抜けた、楽な関係を築けることと思います。

背が低い

「太っているならダイエットでなんとかなる、でも背の高さだけは……」としょんぼりすることはありません。背丈にしても、おちんちんにしても、男性はなぜだか「大きいことはいいことだ」と思っている節がありますが、女からしてみれば、自分にフィットすればいい。むしろ、「俺、デカいでしょ？」と自慢げに言われると「背やおちんちんを誇るよりも、他に誇ることはないのか！」と思ってしまいます。

むしろ、背が低めの男性は目線が近いせいか、親近感を抱きやすく、また、威圧感がないために気軽に話せるというメリットもあります。太っている男性と同じく、愛嬌でもって『愛され系』を目指すのが、彼女をつくる近道なのではないでしょうか。

ただし、背が小さい、というのはやや子供っぽく見られてしまう可能性があるので、きっちりとしたボタンダウンシャツなどを、ジャストサイズで着こなすと、いいでしょう。


世の中には『シークレットブーツ』というものもあり、わたしの知り合いの背の低い男性も、愛用しているそうですが、人のコンプレックスを目の当たりにすると、なんとも後味の悪い気分になりますし、一生靴を脱がないでいられるわけでもないので、そういう小細工はするだけ無駄だと思います。

ちなみにその男性は、彼女にプールに誘われ、「靴を脱ぐのが嫌だ」という理由で断ったそう。それを聞いた仲間内では「なんて小さい男だ！」と笑い話にされていました。背は小さくとも、心は大きくいたいものです。

頭がハゲている

「とにかく隠したい」という気持ちからか、髪をふわっとさせて、後退した額や薄くなったてっぺんを隠している男性をよくお見かけします。

が、本人の意に反して、ちゃんと隠し通せていることは、まずありません。

どんなに上手く隠したつもりであっても、『頑張ってハゲを隠している』ことはバレバレです。そして、『背が低い男性』のところでも書いたように、『人のコンプレックス』を目の当たりにしてしまうと、なんとなく、気まずい気持ちになってしまう。

しかし、ハゲに関して、もうひとつ言うならば「かといって、堂々とハゲ散らかしているところを見せつけられても、それはそれで気まずい」。

隠しても、隠さずとも気まずいだなんて、どうしろというんだ！　と思うかもしれませんが、すみません、これが本音なんです……。

「じゃあ、どうすればいいんだ」というと、『短く切る』と『帽子を被る』のふたつの選択肢があります。

ハゲ自体はいいんです。ただ、それが「散らかっている状態」がどうにもこうにもよくない。だから、きちんと整理する＝短く切ること。そうすれば、ハゲにちゃんと向き合っている＝コンプレックスに折り合いをつけていることを、周りに知らしめることができ、気まずい思いをさせないでいられます。

そして、もうひとつの『帽子を被る』について。

最近は、室内で被っていても、『オシャレの一貫』として認められる風潮にあります。なので、どうしてもハゲを人目に晒したくないのならば、被らない手はありません。帽子を被るコツはいつも同じ帽子を被るのではなく、その時の服装に応じて、コーディネートした帽子に被りかえること。

特になんの変哲もない黒いニット帽をいつもかぶっている、というのでは、『ハゲ隠ししている』というのが暗に伝わってしまいます。そうではなく、「あくまでもオシャレで被っている」というのを装うために、ハットやキャップ、ハンチングなどを数種類、かぶり分けるといいでしょう。

低収入

恋愛していく上で、多少なりとも結婚願望がある女性ならば、付き合う男性の収入が気にならないわけはありません。が、一方では、冷静に「今の世の中、共働きじゃないと、厳しい」ということを感じてもいることでしょう。

もしも、あなたが低収入だったとしても、モテることを諦める必要はありません。なぜならば、同じく低収入の女性も多くいて、ひとりで生きていくことに、みな不安を感じているからです。

「デートにかけるお金がない」というのならば、センスで勝負です。

例えば、弁当を作って、海辺や公園で食べるなどすれば、十分に充実した時間を過ごせるでしょう。女性にばかり弁当を作ってもらうのではなく、あなたが作ることを提案したならば、「お弁当を作ってくれるなんて、素敵な男の人だ」と感激することは間違いありませんし、あなたともしも将来、一緒になったことを想像した時に「共働きになるだろうけど、お弁当を作ってくれるくらい家庭的な男性なのだから、共に生活を送るパートナーとして申し分ない」と判断することでしょう。

低収入のあなたが女性にアピールすべきは、『一緒に暮らせる人』であるということです。

短所は長所に変わる

コンプレックスを愛される力に変える

いかがでしたか？　あなたの『あなたらしさ』を構成しているものの中に、女性にはモテにくい要素があったとしても、それは決して、あなたが考えているほどには、絶望的なことではありません。

不思議なことに、コンプレックスというものは、こだわればこだわるほどに、際立って見えてしまうもの。反対に本人が自覚しつつも、きちんとした対処方法で付き合っているうちに、自然と気にならなくなるものです。「克服する！」とまでは気張らなくても大丈夫。拗ねず、捻くれず、女に真摯に向き合っていれば、きっとあなたは『愛される』ことができるはずです。

大泉りか×二村ヒトシ　対談

「恋され男子よりも愛され男子」

二村ヒトシ　プロフィール

１９６４年六本木生まれ。慶応義塾幼稚舎卒、慶応大学文学部中退。95年まで劇団『パノラマ歓喜団』を主宰。97年にアダルトビデオ監督としてデビューし、『美しい彼女の接吻とセックス』『ふたなり』『妹に犯されたい』『マ〇コがマ〇コに恋をする理由（わけ）』『女装美少年』などジェンダーを越境する画期的な作品を数多く演出。現在４つのＡＶレーベルでプロデューサー兼チーフディレクターを務める。著書に『恋とセックスで幸せになる秘密』『すべてはモテるためである』（イースト・プレス）

大泉りか（以下大泉）　今回、初めてモテ本というものを書かせていただいたんですが、男性のモテって本当に難しいですよね。『ヤリまくりたい人』もいれば『彼女が欲しい人』もいるし『結婚したい人』もいる。

二村ヒトシ（以下二村）　女の人の考えるモテは、たぶんひとつで『男の人を選べる立場になりたい』ってこと。いろんな人とセックスしたいっていう女性は滅多にいない。まぁ、いないわけじゃないけど、でもそれはセックスでないとコミュニケーションできないと思ってる人で、モテたいのとはちょっと違う。

大泉　そうなんです。『モテ』とか考えなくても、セックスがしたいだけだったら簡単にできちゃうし。

二村　うん。意思的に「ヤリマンになるぞ」と思えばヤレちゃう。まぁ、中には、なんとなく、結果的にヤレちゃって『ヤリマン』になっちゃってる人もいるにはいるし、それはそれで、そんな自分に不安を抱いて、こじらせてる人もいるけれど……。

でも、基本的に、女のモテというのは、「いろんな人とヤリたい」わけじゃなくて、「いろんな人から『いい』と言われて、その中から、気に入った人と結ばれたい」っていうものだよね。自分で選べつつも、その相手がちゃんとプロポーズしてくれるっていうのが、モテ女の目指すモテでしょ？

大泉 そうですね、釣り糸を垂らして食いつかせる技術といいますか……。

二村 そっちのが断然わかりやすいよね。この本の中にもあったけど、『男の歓ぶやり方で煽ってあげる』っていう。けど、男向けのモテのハウツーで難しいのは、僕の本にも、りかさんの本の中にもあったんだけど、自分がどうなりたいのかわからないまま口先だけで「モテたいモテたい」と言ってる男の子に何を伝えればいいのか。まず読者に問うところから始めないといけないっていうところ。

大泉 どうなりたい、というよりも、全部望んでいるのかな。彼女も欲しいし、可愛い子とも仲良くなりたい、ともすればヤリたい。素敵な妻はいるけど、若い子と遊びたいし、彼女は自分の理解者だけど、気になるコもいる……みたいな。

二村 多重構造だよね、男のモテは。で、僕は外見がものすごくキモチ悪い人でない限り、考え方さえ変えれば女性から愛されることは可能だと思う。そして「外見がキモチ悪い」というのも、実はほとんど内面から来ているものだから、それも改善可能……、っていうことを自分の本で伝えたんだけど。

りかさんは、どういう気持ちでこの本を書いたの？

大泉　わたしがよく飲みにいくバーに、彼女のいない30代男性が多く集っているんです。彼らはあんまりモテるタイプじゃないけど、オタクってわけでもない。

例えば、悪いおたくの人で「処女じゃない女はすべて中古」とか言い出す人のことって、もう、こっちだって、正直、あんまり相手にする必要はないじゃないですか。けど、そうじゃなくって、プロレスだったり、漫画だったり、アイドルだったり。そういう趣味は持ちつつも、きちんと話せば、全然感じよくって、で、仕事もそれなりにちゃんとしてる。恋愛相手どころか、結婚相手としてだって、全然悪くない人たちなのに、なぜか縁遠いという……。そういう人たちがどうしたら上手くいくのかな、彼らの何がいけないんだろうって思いながら書いた感じです。

二村　彼らは「少年性が豊か」ってやつなのかな。つまり「女性から見ると、子どもっぽい」？

大泉　うーん、むしろ、ぼけーっとしているというか。おそらく、若い頃は普通に恋愛が出来ていたせいか、いつの間にかなんだかできなくなっていることに気が付いていないんです。たまたま……またすぐ……そのうち……って思って十年、みたいな。

二村　現状がよくわかってない？

大泉　女のコって、例えば服一枚買うのでも「合コン用ワンピース」だったり「デート服」だったり「彼氏が好きそうな服」だったりと、割とモテを意識して選んでるんです。でも、男性って「モテ」を意識して選んでることって少ないですよね。むしろ、「骸骨柄かっけー」とか、「俺はオレンジ色が大好きで、イメージカラーはオレンジだから」って、オレンジ色のTシャツばっかり着ていたりとか。あと、気にするのは値段くらいでしょ？　『女のコに好かれるか／好かれないか』ということは、一切頭にない。

二村　ああ、ほんとにそうだね。っていうか俺もそうかも……（笑）。その『オレンジ色の服しか着ない人』って女性だったら、俺の偏見だけどスピリチュアル系の人とかによくいる「私はコレなの！」って主張を押しつけてくる人だよね。それって男からしても、ちょっとキモチ悪い。けど、男ってそれを主張ではなく無自覚にやってる。

あと『女から見て「これはない」っていう男』のほうが、『男から見て「これはない」っていう女』よりも、ずっと多い。世の中の『パッと見、キモチ悪い女性』の数は、『キモチ悪い男』よりずっと少ない。

大泉　そうなんです。例えば、スッピンの女性はいるけど、さすがに『眉毛はボサボサ、鼻の下の産毛も生え放題』みたいな人は滅多にいない。けど「モテたい」って言ってる男性の中には、鼻毛が出てる人が、かなりの確率でいるんです。

二村　男からしてみると別に美人じゃなくとも、つきあえたりヤれたり愛せたりする女の人は、たくさんいる。けど「イケメンじゃなきゃヤダ」とは言わない女性からすらも『なんとなくキモチ悪い』『悪い人じゃないんだけど、ムリ』と思われてしまう男は実に多い。

りかさんの言葉を借りると、若い頃は『女から見て「これはない」男』だったわけじゃなく、ちゃんと恋愛もできていたのに、十年経っちゃった今は『これはないな』枠に入っちゃってて、しかもその事実にすら気がついていない男が多いってことか。

無理せずモテるには女の優しさにすがる

大泉　ただ、逆に女はやりすぎというか、「ここまでしてもモテない」っていうスパイラルに陥りやすいんですよね。外見に囚われすぎてしまって、中身が荒んでいるというか。

二村　そう。こじらせちゃうんだよね。外見は綺麗なんだけど、しゃべってみるといやつなんだよなぁ。でも、たぶん女性からしてみると、彼らとはセックスはできない。

この違いってあんまり言われてないけど、なんでそういうことが起きるのかというと、僕の本の内容に引っ張る話になっちゃいますが、女の人は基本的に自分のことを、まず否定している場合が多い。だからこそ外見に気を使う。けれど男は、なんとなく無自覚に自己肯定できちゃってるんです。だから「鼻毛くらい出ていてもいい」って思ってるし、無自覚におかしなふるまいもする。それが、僕のいうインチキ自己肯定というか、あんまりよろしくない自己肯定なんだけど……。

だから男に「モテるようになれ」というのは実は無意味な話で（笑）、モテたい、というのは「女性から恋をされたい」ということだとみんな思ってるんだけど、それは大きな間違いで、まず「自分は本当は、女性から肯定されて許されて甘えたかったんだ」ということを知るべきなんじゃないかっていうことを、この本と同じイースト・プレスから出してもらった『すべてはモテるためである』という本に書きました。

大泉　そうなんですよね。男性が、無理をせずモテるのは……と考えた時に、これはもう、女の優しさというか『愛おしいものを慈しむ気持ち』にすがるしかないんじゃないか、って思ったわけで、最後にわたしは『愛され男子』というものを提唱してみました。オラオラなんて無理、太っていても痩せられない、という男性は、ここを目指せば、無理してかっこつけなくても、いいんじゃないかって。

二村　かっこいいヤリチンのほうが、女性から恋はされやすい。これは仕方ないこと。けど一方で、ヤリチンの心の中には常に寒い風が吹いていて、ぜんぜん幸せじゃないんですよ。それを考えると、絶対に恋され男子よりも愛され男子のほうがいいよね。

男はモテたいと思ったら恋をしたらいいんだ

大泉　モテのハウツーってものすごくいっぱいあるじゃないですか。ナンパ師が教えるヤレるテクニック、みたいなのから、女のコに嫌われないためのハウツーまで、もう有象無象で。

二村　ものすごくいっぱいある。でも、実はヤレるようになるのは、そう難しくない。女性から見て「罪のないヤリチン」キャラになれば、ヤレる。「この男は危なくない」ってわかってもらえるようにして、ベタベタしつこくせずに、あと、清潔感は必要。

で、「ヤリチン」キャラだということを周知してもらって、女性が嫌がる強引なことをしなければヤレる。けれど我々はここで、つまづくんだよね。そんなことをモテテクとしてわざわざ本に書いて、どうするんだって。

大泉 そうなんですよ。もっと根本的に男も女も幸せになって欲しい。

二村 でも、彼女のいない男は、みんなとりあえず彼女を欲しがってるよね。しかも彼らは、見た目は決してキモチ悪くないし、いい大学に行っていたりもする。

大泉 素晴らしい女のコはいっぱいいるのに、出会えてないんですかね。その素晴らしい女のコがそばにいるのに気が付いていないのかな……いや、やっぱり、その素晴らしい女のコをうまく口説けてないっていうのが一番多いかな。

二村 例えば『あのコがとてもいいコだ』と言われる『素晴らしい女のコ』がいたとしても、それはそのコの友達や、あなたや、そのコに恋している男から見てそう見えるだけで、実際は、その『すばらしい女のコ自身』は自己肯定ができていないことが多い。モテたいと思う男性がやるべきは、そういう女性に「あなたは、自分を肯定していいんだよ」ということをお説教じゃなく、優しく伝えることなんです。それは彼女が嫌がることをしないで、近くに寄りそうっていうことなんだけど。

大泉　『優しく』っていうのはポイントですよね。上から「だからダメなんだ」って正されても、委縮するだけ……。でも、男の人ってあんまり女と対話をしたがらない。まぁ、我々女としても、男性からして、とりとめのない、くだらない話ばっかりしてるって反省もあるんですが。例えば「今週の土曜日はここに行くので、何時にどうこう」って伝えるじゃないですか。そういう業務連絡的なものでも、必ず3回くらいは問い直される。

二村　あのね、男が「話を聞いてない」っていうのに二通りあって、ひとつは「自分の脳ミソの、その部分は使わなくてもいい、使う必要ない」って思ってる、無意識に威張っちゃっている男。もうひとつは本当にバカだっていう。

大泉　でも、例え「もしかしてバカなの？」とうっすら思ったとしても、女として、男性のことを「バカだからな」って思いたくはないですよね。女としてモテを放棄することになるというか……いや、モテうんぬんじゃなく、男と女のコミュニケーションを放棄したくない。

二村　本当のバカじゃない臆病な男に必要なのは、恋をすることなんですよ。男のインチキ自己肯定を突き壊すのは恋しかない。「あの人が好き」と思い、それが受け入れてもらえない時に男は初めて「俺って、なんなんだ？」って知る努力をできるから。その努力をできずにただ自己否定したり、立ち止まって悩んじゃう男もいるけど。

大泉 なるほど、恋という原動力を与えられて、そこで初めて背伸びができるわけですね。彼女の歓びそうなアレをしたり、コレをしたりと出来るようになる。

二村 だから男は愛されたかったら、まず恋をして苦しんで「コミュニケーションとは何か」を考えながら行動できたらいいんだけど。恋ができない男たちは自分でインチキ自己肯定した世界が壊されることを極度に怖れてるんだよなあ……。

大泉 でもね、いまの女のコは昔ほど、男性をバカにしてないと思うんです。バブル時代とか、わたしは経験ないですが、話にきくと「アッシーメッシー」とか、女がそういうチヤホヤを求めていた時代みたいに、男性に奉仕して欲しいなんてまったく思ってない。

二村 そうだと思う。なんだかんだ言って男のほうが優位な世の中だしね。

大泉 うん。今の時代って、女もちゃんと男性と真摯に付き合いたいと思っていると も思うんです。だから、女と恋愛をするには、すごくチャンス。ぜひとも、積極的に女と関わっていって欲しいと思います。

あとがき

女性の方が書いた『モテ本』を書店で見かける度に、いつも不思議に思っていることがありました。それはモテ本の著者の多くが、見目麗しいことはもとより、属性なども含め、スペックの高い『いい女』であることです。

もちろん、自らが体験のうちに取得した『モテの技術』を伝授するわけですから、著者本人がモテるのは、当たり前のこと……というよりも、そうでなくては説得力がない、ということもあります。

また、『いい女』は『いい男（モテる男）』を知っている、というのもおそらくは事実であって、ならばその「モテる男とはどういうものであるか」に従えばあなたもモテるようになる、というのは決して間違いではないと思います。

しかし、よりモテるために、『自分をブラッシュアップして、女性たちの眼鏡に叶うところまで、自分を押し上げる』というスタイルは、金銭の余裕も心の余裕もない現代において、少ししんどいようにも思えるのです。

それよりも、せっかくのこの機会に、一度、自分の内側を覗き込み、「あなたはなぜモテないのか」ということを理解した後で、あなたがモテるために出来ること、出来ないことを知るのはどうでしょうか……という思いでこの本を書きました。『モテたい』という原動力でもって、あなたの生きづらさの原因でもある『性格の悪さ』をじっくりと治すことは必ずや、あなたの人間的成長にもつながるはずです。

男性のモテは一生です。五十代、六十代になってもモテる男性はモテます。あなたがにいくつになっても、素敵な大人の男性でいることを願っています。

大泉りか

◎本書は書き下ろしです。

文庫ぎんが堂

もっとモテたいあなたに

女はこんな男に惚れる

２０１３年12月20日　第１刷発行
２０２１年２月20日　第７刷発行

著者　大泉りか

ブックデザイン　タカハシデザイン室

発行人　北畠夏影
発行所　株式会社イースト・プレス
〒１０１－００５１　東京都千代田区神田神保町２－４－７　久月神田ビル
ＴＥＬ０３－５２１３－４７００　ＦＡＸ０３－５２１３－４７０１
https://www.eastpress.co.jp/

印刷所　中央精版印刷株式会社

ISBN978-4-7816-7099-7